阿米巴经营
导入手册

[日]三矢裕 著　　周征文 译

人民东方出版传媒
東方出版社

序　言

企业的所谓“控制系统”，是否是无视人格，把人视为机器般的控制手段？在企业管理中，这种剥夺人的活力并予以压力负荷的做法是否是“必要之恶”？企业的“控制系统”难道就没有改善沟通交流、激发个体创造性的一面吗？

大学毕业后的3年间，我在钢铁厂的财务科从事高炉部门的预算管理工作。公司规定，生产一线在制订利润计划时，无论如何都必须高于去年同期业绩。不仅如此，在确认月度业绩时，公司还要求超额完成既定目标。如果未能达成，等待相关负责人的便是严厉叱责。预算计划基于单纯明了的PDCA循环（PDCA循环是一种全面质量管理的思想基础和方法依据，其含义是将质量管理分为4个阶段，分别为计划Plan、执行Do、检查Check、处理Act，因此简称为PDCA

循环。——译者注）。也正因为单纯明了，因此没法找借口，退无可退，让人有一种窒息的急迫感。在这种严酷的管理制度下，对于公司内的部门负责人，我不禁心生同情。

可即便在这样的制度下，也不是人人都觉得受到控制而束手束脚，也有人把它看作一种游戏规则并乐在其中。他们巧妙利用公司内外的关系网，使酝酿多年的项目得以通过并获得预算。而每当顺利完成当月业绩指标时，办公室的气氛中总是带有一种成就感和安心感。

这些皆是我的切身体验。这让我察觉，企业的“控制系统”并非处于真空的冰冷制度，而是交织着人的复杂情感。这让我萌生想法：研究“系统”与工作于其中的“人”之间的关系，于是我辞去了工作，进入研究生院深造。我的硕士学位论文的主题是“考察预算系统与管理者心理及行为的关系的先行研究”。我当时一边在脑中回想当年钢铁厂开会时的情景以及同事们的脸庞，一边整理归纳出了自己的分析框架，且还算具有现实意义。

1995 年，我开始攻读博士学位课程，并且为了验证自己提出的分析框架是否有效，我开展了相关的实地调查研究工作。而在一开始选择考察对象的阶段，承蒙神户大学加护野忠男教授的介绍，我偶然邂逅了京瓷的阿米巴经营。当时，我与指导教官谷武幸教授一起，数次前往京都，并进行了多次采访。

由于阿米巴经营和我从经营学教科书上学到的知识和企业传统意义上的“控制系统”制度大相径庭，因此我起初对其机理难以理解。我当时认为，赋予一线员工如此大的权限，组织真能顺利运作吗？过度放任是否反而会导致企业整体分崩离析呢？……一开始抱着这种种疑问，我很难将阿米巴经营视为合理的制度。

但随着对京瓷工厂的实地观察，以及对导入该制度的其他企业的走访，包括听取各阿米巴巴长的现身说法，我对它的印象发生了变化。就连班长一级的员工都被任命为巴长，负责“经营”阿米巴这种“模拟企业”，巴长扮演着公司总经理的角色。当时我采访负责生产车间某个工段的巴长，谈及阿米巴时，他自然而然地将“经营”一词脱口而出。明明并非企业的经营层，却不用“管理（部门）”“运营（团队）”之类的表达方式，而说自己在“经营”。这让我颇为吃惊，也让我切实感受到，阿米巴经营对下级的权限移交程度之高，是其他经营手法难以企及的。

随着进一步的调查，我明白了阿米巴经营的基本设计思想——让每名员工在日常工作中充分发挥出自己的潜力。不管是谁，回到家后，都要操持家里的方方面面，包括用工资来维持家计、守护家人免于灾祸、为将来做好准备……这正是在经营家庭。换言之，几乎每个人都具备这种基础级别的“经营能力”。既然如此，那能否让员工在公司里也发挥这种能力呢？个体的力量虽小，但如果团结起来，就能大幅提升公司的竞争力。这便是阿米巴经营的独特思维。

当然，一个家庭的成员数较少，所需处理的问题也较为单纯。与之相对，在商业活动中，要面对错综复杂的问题，需要高水准的判断力。因此如果把家庭与企业混为一谈，自然是行不通的。可一旦把企业组织细分成小单元，并配备简明的会计系统，使一切问题和现象可视化、简便化，那就应该能将企业纷繁复杂的内部事务简化为与家庭事务接近的规模程度。阿米巴经营正是基于这样的逻辑思维，来激发出普通员工的经营潜力。

此外，员工们其实也希望拥有能够发挥个人能力的舞台。在易于开展经营活动的环境下，被赋予挑战尝试的机会。而当他们发现仅凭自身能力难以完成任务时，便会利用与其他阿米巴的关系网。通过这样的挑战和突破，不断获得成功体验。至此，自己不再是“公司里无足轻重的小人物”，而是受到尊重的“不可或缺的关键人物”，于是对自己的工作心生自豪感，并激发“在更大舞台上迎接挑战”的欲望。

阿米巴经营并非溺爱员工的制度，也并非给员工加压增负、令其束手束脚的制度，而是要求员工像“职业运动员”

一般“认真参与”的制度。它在充分理解人心微妙之处的基础上，进行了相应的系统设计。“系统”与运作其中的“人”之间的关系，是我感兴趣的着眼点。而从那以来，直至今日，我一直埋头研究，旨在弄清这种充满魅力的企业控制系统的机理。

1999 年，我与谷教授和加护野教授共著的经管类书籍《稻盛和夫的实学：阿米巴模式》得以出版。书中介绍了阿米巴经营的系统概要、运用方法和导入实例。该书的学术价值虽然不高，但在传播阿米巴以及类似经营方式这一层面来看，或许还是做了些许贡献。尤其是对于普通读者和像我这种专攻管理会计的研究者而言，阅读它后，可能会提升对于这种经营方式的兴趣。

而本书基于我在 2001 年提交的博士学位论文，其与前书有四大区别——①回顾先行研究及关联领域文献，在此基础上提取研究课题；②探讨严密的研究方法；③以一家导入了阿米巴经营的企业为对象，调查其体系化的导入效果及流程，并展示相关结果；④构建与阿米巴经营机理及导入相关的理论模型。鉴于此，我认为本书与前书完全不同。

对于研究阿米巴经营的人士而言，若本书能够起到一定的启发作用，则我不胜荣幸。此外，就如我在序言开头提及的，对于那些对企业控制系统抱有疑问却依然每日奋战在企业经营一线的人士，若本书能予以些许启示，则我无比欣喜。

从阪神淡路大地震刚发生后的1995年算起，历经8个年头，本书才得以出版。其间，我获得了多方协助，在此请允许我略表诚挚谢意。

首先，我想表示对阿米巴经营的缔造者——京瓷名誉会长稻盛和夫先生的敬意，是他创造了这种享誉全球的优秀企业控制系统。在本书中，我引用了许多他的著作及演讲中的语录，而在书出版之际，我还与他会面，得到了他当面的鼓励，这也是我推进该研究的原动力所在。

京瓷 Communication System（以下简称 KCCS）株式会社主营阿米巴经营的系统配置和维护业务，森田直行社长每次都不厌其烦地接受我们的访问，回答我们的问题；顾问事业总部的藤井敏辉部长则接受了我们有关阿米巴经营的长时间采访，审读了本书原稿，并提出了宝贵意见；竹松健治先生则为我们的调查活动做了诸多沟通和安排；在进行“意见听取”的调查活动时，承蒙渡边顺先生、横幕功先生、原田拓郎先生的协助；在广岛铝工业株式会社开展问卷调查时，则多亏浅田英治先生的协助。

在进行采访及工厂考察时，京瓷的中村升先生、宫田秀典先生、永田龙二先生、前耕司先生、福留敏宪先生、肝付弘幸先生、中村健次先生、笼原次雄先生、田熊道由先生、山下义治先生、宫地和弘先生以及京瓷ELCO的佐佐木武夫先生，为了配合我们的调查，他们都在百忙之中挤出了宝贵的时间。此外，在KCCS主办的阿米巴经营研究会现场，我有幸听到了京瓷的和泉政义先生、石田秀树先生、水谷敏先生和福井诚先生的演讲。

而导入阿米巴经营的其他企业的诸多人士亦在我们的调查工作中给予了全面的配合和协助。包括SYSTEC株式会社的梶村武志先生、中村茂先生、守屋伸吾先生、大竹雅幸先生、诸田秀幸先生、三浦洋一先生、水谷克彦先生、清水常宏先生;DISCO株式会社的中山勉先生、青木正道先生;广岛铝工业株式会社的四方纯雄先生、时本春人先生、种田康三先生、伊藤和则先生、加谷笃司先生、佐古保裕先生以及回答调查问卷的各生产相关部门的全体科长和股长。

此外，NEC埼玉、滨松Photonics、SONY美浓加茂工厂、NTT Data science都答应并配合了我们的采访请求。而京瓷圣迭戈工厂和Watabe Wedding株式会社上海工厂的相关负责人不但带领我们详细考察了其工厂车间的方方面面，而且向我们提供了与海外阿米巴经营导入相关的宝贵信息。虽然这些内容未在本书中直接引述，但对我们理解和分析阿米巴经营起到了重要作用。

黑川康先生曾是我在川崎钢铁厂任职时的直属上司，他不但教会我成本管理的基本知识，还让我懂得了现实工作的严酷性。直至今日，我依然觉得自己是他的弟子。此外，对于我当年辞职深造的擅自决定，同为直属上司的井上诚厚先生予以了理解和各方面的关照。在此，请容我再次表示感谢。

自从进入研究生院后，谷武幸教授对我一直予以亲切指导。我才疏学浅，但他却一次次地赋予我珍贵的机会，这些机会往往超越了我的能力范围。这让我度过了如同坐过山车一般刺激的研究生活。本书的调查分析亦是我与谷教授的共同成果。

多亏了负责本书编辑的东洋经济新报社的矢作知子女士的精心工作，使原本晦涩难懂的博士学位论文变为广大读者较易接受的经管类读物。

对于上述所有相助的贵人，我想借此表示我深深的谢意。从 4 月起，我将在启动本研究的神户大学工作。我会回归初心、埋头研究，努力得出具有原创性的理论成果。在我看来，唯有如此，方能报答各位在本研究过程中给予的大恩。

最后，我想对一直支持我的妻子——文子表示由衷的感谢。

2003 年 3 月

三矢裕

目　录

序章

京瓷的阿米巴经营

第 1 节　京瓷的发展与阿米巴经营

京瓷于 1959 年创立，起初是一家仅有 28 名员工的小微企业，专门从事工业陶瓷的生产制造。之后，其业务不仅包括半导体和电子部件等与工业陶瓷相关的产品，还从事手机、打印机、数码相机等大众消费品的生产制造。此外，在太阳能发电这类被寄予厚望的绿色领域，其亦在积极拓展事业。而在当今的京瓷集团内，曾经的第二电电（DDI）已于 2000 年和 KDD 和 IDO 合并，整合为 KDDI 公司；而主营通信网络建设和经营咨询业务的 KCCS 等集团旗下企业亦可圈可点。由此可见，当今的京瓷亦在大力拓展通信和服务领域的业务。

当下，众多的日本企业从泡沫期的“多元化经营”中反省，开始将力量集中于具有竞争优势的领域，即所谓的“选择与集中”型经营模式。但从京瓷的上述实例可知，其所进军的领域并非一定与其固有技术和市场密切相关。而且，其在许多领域虽然只是“新手”，却在较早阶段便实现了相关业务的赢利。至于其成功的秘诀，人们普遍认为是依靠京瓷创立者稻盛和夫先生（现任京瓷名誉会长）所提出的“以小集体、小部门为单位的核算经营手法”——阿米巴经营。

阿米巴经营的重要特征在于其对组织的划分及运用方式。对于生产环节，则按照工段或机器设备来划分；对于销售环节，则按照地区或商品类别来划分。而划分过程可由负责的领导自主判断。组织层级结构属于“事业总部—事业部—部—科—股—班”这样的金字塔结构，但事业总部和事业部之间自不必说，就连股和班这种平均10人左右的小组织，都属于被称为“阿米巴”的利润中心（Profit Centre，也可简称为“PC”），实行独立核算。阿米巴如同企业内的迷你企业，其以企业内部为市场，买卖自身创出的资材或服务。而其买卖价格并非基于成本，而是通过阿米巴之间的交涉来议价定价。比如，生产车间的阿米巴常常按照工段来划分，因此上一工段的阿米巴就需要把自己产出的半成品卖给下一工段的阿米巴。此交易产生的销售额减去生产费用开支，便是上一工段的阿米巴的利润。

此外，阿米巴之间的买卖并非必须束缚于工段顺序，只要企业内有能提供同样资材或服务的阿米巴，那也可从那里采购。不仅如此，京瓷有时亦允许阿米巴不与企业内的阿米巴交易，转而与外部的其他企业交易。这样的制度使得各阿米巴不但要面对企业内的竞争，还要与外部的供应商残酷竞争。于是，具备相应的“战斗力”便成了对各阿米巴的要求。

当然，这种企业内部市场机制和“组织利润中心化”的手段并非独创，在许多企业的“事业部制”和“公司制”中都有实行。但在阿米巴经营中，被列为对象的组织规模极小。这种在仅有几人或几十人的小组织中彻底引进市场机制的案例，可谓绝无仅有。而这种把微型组织变为利润中心的做法，势必会使企业内利润中心的数量变得非常庞大。我在 20 世纪 90 年代中期对京瓷进行过现场调查，当时其员工总数约为 13000 人，而阿米巴数量已多达 1200 个左右。

京瓷如今的规模比当时要大得多，而其依然保持阿米巴经营制度。企业内数量众多的小利润中心与内外的竞争对手们“激烈交锋”，宛如中小企业一般，开展着高效迅捷的经营活动。运作顺利的阿米巴向着更高的盈利目标而努力，陷入赤字的阿米巴则为了削减赤字而拼命。连位于企业末端的第一线组织都具备如此高的利润意识，那么集结至上层的事业部和事业总部的核算业绩自然不会差。即便企业进军全新领域，也能在短期内独当一面。京瓷之所以能够拥有如此惊人的成长和发展，要归结于其优秀的阿米巴经营手法，以及将它跨领域的成功应用。

第 2 节　阿米巴经营的机理

商业杂志、报纸文章等对京瓷阿米巴经营的报道，使人们获得了一些碎片化的相关信息，但至于对该经营手法的正式化研究和系统化整理，至今可谓寥寥。因此，对于它的机理结构，我们所知甚少。比如，“阿米巴经营的特征是否只限于其组织结构与市场机制”“阿米巴经营如何设定目标和评价业绩”“由于过度强调每个阿米巴的核算业绩，是否会导致各阿米巴各自为政，使整个企业分崩离析”“在阿米巴经营下，企业如何运营生产、销售、开发和管理部门”……对于这些具体问题，依然没有充分的答案。因此，我们将本研究的首要关注点定为“弄清阿米巴经营的机理”，从而把京瓷作为考察对象，开展集中化的案例研究。

本书第 4 章会详述阿米巴经营的几大特征，包括“组织能够根据环境变化灵活拆分和合并”“通过‘单位时间核算’这种简化的管理会计计算方法来测定各阿米巴所创造的利润，并将其结果以类似‘家庭收支记账簿’的简明方式传达至最末端的一线阿米巴”“在执行这种具有特色的制度的同时，热心地对全体员工实施名为‘京瓷哲学’的经营理念教育”。

但即便企业具有完备的独立核算经营系统，且为员工的理念教育殚心竭虑，倘若无法激发员工的灵感和创造力，并将其落地到现实的商业活动中，则一切止于空中楼阁。而京瓷的阿米巴巴长们将自己视为“运营自己小公司的老总”，充分实现了阿米巴经营的现实价值。他们被赋予很大的决策权限，为了养活自己而绞尽脑汁。由于阿米巴不得不开展经营，因此巴长（巴长是指阿米巴组织中的领导。——译者注）只能直面困难，从中领会经营企业的感觉。且在鼓舞下属及与其他阿米巴巧妙交涉的经验中，逐渐学会如何打理和运营阿米巴。由此可见，阿米巴经营亦具有培养人才的属性。换言之，阿米巴经营并非只是基于市场原理的利润中心竞争机制，而是将组织构造、管理会计、经营理念、企业管理行为等要素有机结合的产物。

第 3 节　阿米巴经营的导入

商业杂志《日经 Business》在 2002 年 1 月 28 日刊中发表了一篇有关京瓷三田（如今的京瓷 Document Solutions 会社）的文章，摘录内容如下：

“复印机制造商三田工业会社 1998 年背负了大约 2000 亿日元的债务，因此申请破产重组。之后，其放弃了独立重组，转而加入京瓷集团，更名为‘京瓷三田会社’。而一切从头开始的京瓷三田却转眼间改善了其业务的核算业绩。在 2001 年 3 月财报中，其创造了 70 亿日元的常规收益，此数字大约是上个财务期的两倍。这使得其修正了原本截至 2009 年的重组计划，2002 年便一并还清了所欠债务。而该重生之举的成功主因归结于阿米巴经营模式的全面导入。既然并入京瓷集团，三田会社就必须抛弃原有的经营手法，转而采用阿米巴经营。该企业的员工几乎都是之前三田工业会社的原班人马，因此对于京瓷的企业文化，不少人起初都有一定的排斥情绪。但随着改革的推进，三田工业原本那种不紧不慢、不温不热的公司文化被摒弃，员工们必须完成降低成本和严守交货期等严苛目标。这使得销售、生产一线和设计部门之间协作关系的产生，促成了划时代新产品的诞生。一线部门和员工亦对企业高层的经营方针和公司业绩了如指掌，于是提升了他们参与经营的意识。”

由上述实例可知，阿米巴经营在已“长年稳定化、制度化”的京瓷内部的运用，以及阿米巴经营在其他组织被导入的运用，二者的情况明显完全不同。换言之，对京瓷而言理所当然的事情，对其他企业而言可能并非如此。导入阿米巴经营的其他企业，其模式和情况不一定会变得和京瓷完全一致。此外，对于要从原有经营模式转变为阿米巴经营的企业而言，应该会遭遇其特有的困难。

“阿米巴经营究竟是改善成本、利润这种财务业绩，还是改善品质、顾客满意度这种非财务业绩？”“在导入阿米巴经营后，巴长的行为和思维会如何转变？”“在导入阿米巴经营时，有哪些促进和阻碍性因素？”弄清这些与阿米巴经营的导入效果和流程相关的问题，便是本研究的第二大关注点。

遗憾的是，有关导入阿米巴经营的先行研究可谓皆无。为了弄清其导入效果，我们选择了京瓷以外的企业组织作为考察对象，并实施问卷调查及案例研究。

其相关的具体调查结果会在本书第 5 章和第 6 章进行探讨，而此处想说明的是，我们的确有了重大发现——在导入阿米巴经营的企业，出现了财务和非财务两方面的业绩提升，其效果可谓积极。企业管理者的行为模式得以改变。组织上下之间的纵向层级沟通也好，阿米巴之间的横向层级沟通也好，二者都有所改善。巴长们的意识也有所转变。此外，各企业在导入过程中多少都会遭遇困难，而为了克服困难，它们也都费了不少工夫和心血。

第 4 节　迷你利润中心的经营

如上所述，本书所涉研究的两大直接关注点是“阿米巴经营的机理”和“其导入效果及流程”，但我们还想把本书的成果作为将来对“迷你利润中心”（以下简称 MPC）研究的敲门砖。

MPC 是指一种独特的分权型经营手法，其对象通常是 5 到 50 人规模的成本中心或收入中心，目的是将这样的小规模组织改造为利润中心。其目的是促进放权、建立核算意识、培养企业家型的管理人员等。纵观世界，采用 MPC 手法的企业绝非多数。但多家日企在切实实行该手法，且逐渐受到外界瞩目。由上述说明可知，作为本研究对象的阿米巴经营，其实就是一种典型的 MPC 机制。

虽然可以以“MPC”一词来概括，但其实各家企业的具体机制却各有差异。以 NEC 埼玉会社为例，其生产制造手机的车间采用的是“细胞生产方式”，并将组织分为“小集体”，采取独立核算制，通过给予生产一线较高权限的方式，促进了放权化经营。再比如滨松PHOTONICS会社的各生产工段之间流通半成品时，使用公司自制的“内部纸币”进行买卖交易，从而提高了员工们的利润意识。而在服务行业，主营ERP系统开发及系统导入咨询服务的NTT Data Science会社则通过自身独特的MPC经营手法，实现了小集体的损益管理。

全世界对于日企管理手法的关注似乎日益稀薄，但我相信，MPC经营方式不逊于JIT、TQM、成本企划等日本特色的企业管理模式，值得向全世界宣传及推广。我们将来的目标是构建一种新理论，能用来综合性地解释说明本书列举的各种版本的MPC经营方式。但鉴于目前连各种MPC经营方式的机理都尚未弄清，自然无法急于求成。因此，作为创造综合性理论的第一阶段，本书的主旨在于阐述和分析阿米巴经营。

第 1 章

何谓阿米巴经营

第 1 节　阿米巴经营的原理

除经管类书籍和商业杂志外，与阿米巴经营相关的正式学术研究，目前就只有 Cooper 的哈佛商学院案例研究（1994 年）以及他所著的 *When Lean Enterprises Collide*（1995 年）。前者基于他自己开展的集中化采访，止于对阿米巴经营机制的记述，并不包括称得上分析的内容，后者则是针对 20 家实施精益成本管理的日企的实例研究报告书。而在后者的报告中，他把京瓷的阿米巴经营与 HIGASHIMARU 酱油、麒麟、奥林巴斯、大阳集团的管理手法一并概括为 MPC。接下来关于阿米巴经营的记述不外乎对 Cooper（1994）[①] 论文的归纳总结，但与他的不同之处在于，我们会比较上述 5 家企业的实例，

① 意为 Cooper 于 1994 年的著作。本书中作者在引用某人在某一年写的著作时，一律采用诸如“田中（1999）”的处理方式。如果某人在某一年有多部著作时，一律采用诸如“田中（1999a）、田中（1999b）”的处理方式。

并对它们的 MPC 经营方式进行分析。

下面将通过 6 点来阐述。

（1）阿米巴经营的组织

京瓷的组织结构有 6 个阶层，从上至下为事业总部、事业部、部门、科、股、班。[①] 哪个阶层只要能担负独立的商业活动责任，就能成为阿米巴，而统领小阿米巴的组织则是一个复合阿米巴，因此可以把京瓷集团本身也看作一个巨型的复合阿米巴。

单个阿米巴的成员人数最少 3 人，最多 50 人，平均在 15 人左右。截至 1992 年，京瓷拥有大约 800 个阿米巴。阿米巴归根结底是企业内部的组织，其在组织化时强调的是可视性（Visibility）、沟通性和责任义务性。

各阿米巴被视为利润中心，其几乎都属于生产或销售单元。生产阿米巴往往按照产品或生产流程来划分。与之相对，像品质管理和生产管理这种提供服务的部门，由于较难给自己的服务定价，有时也会被视为成

① 这 6 个阶层在原文中为 Product Group、Division、Department、Section、Unit、Team。

本中心。[1]这些部门的费用支出会根据“谁受益谁承担”的原则，分摊给享受服务的各阿米巴。而总公司的管理部门则在必要时对阿米巴的经营活动提出建议、提供资金等。

阿米巴是灵活的组织，其能根据环境变化的需要，不断拆分或合并。一旦认为有利，便可以随时生成新的阿米巴，比如在开发新品时成立新的阿米巴。而当既有阿米巴规模过大时，便可将其拆分。而当某个独立的阿米巴对企业不再有利时，它就可以被其他阿米巴吸收兼并。

在对阿米巴进行拆分或合并时，相关的巴长会与其上司进行非常彻底的开放式讨论。倘若双方难以达成共识，则由再上一级的管理者出面调停。可见，在阿米巴经营中，上司与下属之间的互动十分频繁。但上司无权把自己的意见强加给下属，归根结底只是担当顾问的角色。

企业的长期目标由事业部部长级的干部决定。此外，

---

① 通过实地调查，我们得知，这种成本中心（非利润中心）在京瓷内部被称为“非核算阿米巴”。因为无论是利润中心还是成本中心性质的组织，京瓷都将其称为“阿米巴”。至于 Cooper 在记述中说京瓷只把利润中心视为阿米巴，恐怕缘于他的误解。

事业部部长级的干部还要确保“人”和“物”的资源，从而使阿米巴[1]处于完善的管理之下。事业部与一线阿米巴之间的沟通则是重中之重，不管在正式场合还是非正式场合，这种沟通都很频繁。而低于事业部部长级别的干部也被要求发挥与其级别相符的类似作用，比如确保较小规模的资源，制定较短周期的目标，以可操作的方式达成任务。倘若一线阿米巴的巴长过度追求短期利益而影响到了组织的长期成长，其上司就必须从京瓷集团的整体利益出发，引导巴长不偏离正确方向。

阿米巴没有从外部人才市场招募人才的权限，但可以通过与企业内部的其他阿米巴交涉，从而调用对方的富余人员。这种机制提升了整个京瓷人事制度的效率。此外，获得晋升的巴长往往是在自身所属部门内垂直上升，并没有在升职后脱离原有部门。而在选拔和晋升巴长时，与在职年数相比，京瓷更重视员工的业务知识、领导能力和工作积极性等。

---

① 在京瓷，每个阶层都有阿米巴，但从上下文的记述推测，此处的“阿米巴”应该指最末端的“班”一级的阿米巴，或者是指处于下层的科、股一级的阿米巴。

（2）阿米巴之间的交易

销售阿米巴对生产阿米巴下的订单有两种，一种是接单生产要求，一种是成品提供要求。

在调度部件资材和买卖产出品方面，生产阿米巴拥有全面决定权。买卖以市场价为基础，加以买卖双方围绕产品品质、交货方式等方面的交涉，最终由双方协商决定。而当无法设定基于市价的内部交易价时，虽然会使用成本推算法，但最终成品的盈利性将会受到关注和评估。买卖交涉的重要之处在于“双方相互接受”。假如无法达成一致，则上司会出面调停。但上司会注意方式方法，从而杜绝“强制某一方妥协”的情况发生。阿米巴具有否决权，因此不仅可以与企业内的其他阿米巴交易，还能把产品卖给外部的其他企业。

而当内部买卖双方实在无法达成协议的情况下，买方还被允许从企业外部购买同产品。虽然这种情况并不多见，但只要上司批准，就可以这么做。至于是否批准的判断基准，则取决于“是否对京瓷的长期发展有利”。一旦批准从外部购买，就说明卖方阿米巴还不具备与外部供应商竞争的实力。这使得阿米巴一直被拿来和外部企业做比较，从而处于市场竞争的压力之下。

（3）阿米巴经营的管理控制

作为阿米巴与其他阶层开展沟通及共享信息的手段，正式会议发挥着重要作用。集团全体、公司全体、事业总部、事业部、阿米巴，各层级都会定期举行会议。会议主办者首先会提出将来的指导方针（Guideline），然后回顾前期的结果，宣布下期的计划。在设定目标时，会考虑过去的业绩及将来的机会等。

目标分年度和月度两种。在京瓷被称为“Master 计划”的年度计划反映了阿米巴的战略，有时较为激进大胆。而月度计划被看作达成战略的工具，具有详细且现实的估算内容。年度计划会在发生环境变化的情况下半年修正一次，但月度计划一旦付诸实行，便不容变更。对于年度计划和月度计划，企业内部会进行结果的评估和公示。前者的频率是一月一次，后者是一天一次。

月度业绩会以内部广播或张贴通知的方式及时公示。通过这样的信息共享，各阿米巴能够与其他阿米巴比较业绩，从而互相学习。此处亦体现了京瓷的企业哲学——以对企业整体的贡献来评判业绩的好坏。换言之，为了给当下业绩不理想的阿米巴创造潜在的未来机会，运作较好的阿米巴必须赚取利润，从而为前者提供支持和保障。至于奖励业绩的手段，京瓷并不提供奖金类的物质报酬，而是予以“为社会和伙伴做出贡献”的心理满足。

（4）阿米巴经营的管理会计

经营管理部门负责运营和落实基于PDCA循环的企业内部规则。该规则比传统的财务报告要简明，既易于理解，也便于比较。

至于评价业绩的指标，对于生产阿米巴而言，包括净产量、附加价值、净产量附加价值比、单位劳动时间附加价值（以下称为“单位时间核算”[①]）等。而评价业绩的核心标准之一，便是年度计划及月度计划的完成度。对销售阿米巴，主要考察其接单量、出货额和单位时间核算；对生产阿米巴，主要考察其总产额、单位时间产额和单位时间核算。但销售阿米巴与生产阿米巴之间的单位时间核算额是不进行相互比较的，因为二者的活动性质不同。另一个评价业绩的标准是“过去6个月的改善程度”，此评价标准基于单位时间核算的“成长值”。而在日度分析中，还会考察包括成品率、生产所需时间、

① 在京瓷，单位劳动时间附加价值被称为“单位时间核算”。为了与我们的实证研究描述相一致，本章也采用“单位时间核算”这个正式名称。

工段所需时间等非财务性指标。

重要指标的计算方法如下：

附加价值 =（向内部・外部出货的总额）－（从内部・外部采购的总额）－（包括折旧费・工厂共同分摊费用・总公司费用在内的阿米巴运营费用）

总公司费用包括 R&D（研发费用）、库存及不动产的利息。而对销售阿米巴而言，还须承担赊款利息。

单位时间核算 = 总附加价值 ÷ 劳动时间

单位时间核算体现了阿米巴对整个企业利润的贡献程度。

生产额 = 阿米巴销售额 － 从其他阿米巴采购的总额

有了该计算结果，便能知道某个阿米巴在整个企业对外销售额中的相关占比。

单位生产额的附加价值 = 附加价值总额 ÷ 生产额

单位时间生产额 = 生产额 ÷ 阿米巴成员的总劳动时间

此外，由于阿米巴是简化的小组织，在计算产品成本及控制总成本等方面，并不需要为其特意打造一套十分讲究的系统。各阿米巴的技术人员已经能够查看原材料费、设备费及其他几乎所有的成本信息。通过与生产流程的最新知识相结合，技术人员便可计算出产品成本，并且参与价格设定。

（5）阿米巴经营的目的

稻盛和夫先生为了保持创业时的“合伙人精神”，以“让生产流程创造利润的概念在京瓷内开花结果”为宗旨，努力寻找一种“让收益及损失的源泉一目了然”的组织制度。而由于传统的事业部制过于趋向“中央集权”，因此他最终创造出了阿米巴经营模式。

稻盛先生认为，不管多么小的工作，都要发挥创造性和各种创意，从而为整个企业和整个社会做出贡献。基于这样的哲学思想，京瓷一直在不断自我完善。

当所有阿米巴团结一致时，阿米巴系统便能发挥出应有的效果。为此，通过灵活的报告机制、月度例会及企业哲学的相互作用来确保所需的统合性。而事业部部长被要求提出具备战略性的逻辑方针。由于战略往往拥有首尾呼应的一致性和综合性，因此各阿米巴的自主性会受到一定的限制。为此，上级需要明确各阿米巴的活动权限范围，一旦要越界，就必须获得事业部经理的许可。

上层管理干部也会出席基层的会议，直接提出战略性的指导方针。这样的沟通机制也保证了战略执行的协同性和连续性。

（6）*When Lean Enterprises Collide* 中对阿米巴经营的分析

接下来，让我们回顾一下 Cooper 在其所著 *When Lean Enterprises Collide* 一书中的相关分析。在该书中，MPC 的主旨被定义为“激发企业家精神（Harnessing the Entrepreneurial Spirit）”。在他看来，一些企业不满足于以成本计划为核心的“未来成本管理”（Managing the Cost of Future）和以改善活动为核心的“当下成本管理”（Managing the Cost of Existing），于是采用 MPC 这种“更进一步的成本管理手法”。

按 Cooper 所述，不同于成本计划及改善活动，MPC 并未利用新奇独特的成本管理手法，而其特征有两点：（a）将成本中心转变为利润中心；（b）设定无数的小规模独立单位。

至于（a）的结果，其会导致巴长感受到经营组织单位的压力，从而提升利润意识，不仅着力于削减成本，还产生了对提升销售额的责任感，因此 MPC 经营手法拥有这种激发管理人员的企业家意识的效果。而至于（b）的结果，其避免了企业内组织的官僚化，并使其拥有迅速适应环境变化的能力。Cooper 还指出，上述（a）（b）手段的成效，在很大程度上取决于担负企业家职责的员工自身的主观能动性。

不仅如此，按照他的分类，MPC 包括两种，第一种是止步于（a）阶段的疑似（Pseudo）MPC，另一种是实现（a）（b）目标的真（Real）MPC。（a）（b）二者具有较强关联性，“利润中心化”是第一阶段，倘若不完成它，便不可能实现组织的小规模化（参照表 1-1）。

表 1-1　疑似 MPC 与真 MPC

	没有大量的小规模独立单位	拥有大量的小规模独立单位
利润中心化	疑似 MPC （HIGASHIMARU、麒麟、奥林巴斯）	真 MPC （京瓷、大阳集团）
未能利润中心化	非 MPC	该情况无可能

至于决定 MPC 是“疑似”还是“真”的基准，如上述表格所示，取决于“其组织是否属于独立单位”。而为了判断这点，他列出了下述三大条件：

①具备发掘能够管理利润中心人才的能力

②存在有意愿购买利润中心产出的半成品或产品的外部客户

③利润中心拥有将产出的半成品或产品卖给外部客户的意愿

HIGASHIMARU 和麒麟只满足条件①，奥林巴斯只满足条件①和②，因此被归类为“疑似 MPC”。与之相对，京瓷的阿米巴经营和大阳工业的分公司化皆允许组织单位将产出品卖到企业外部，组织单位被赋予的权限犹如独立公司一般大，因此满足①～③这三大条件，被归类为“真 MPC”。换言之，条件①只是将 MPC 与其他经营手法区别开的基准而已，而唯有满足②③这两个实质条件——是否与外部客户开展买卖交易，才是区别“疑似 MPC”及“真 MPC”的基准。[①]

此外，对于真 MPC，Cooper 还指出了其相关风险，包括“可能阻碍组织规模的经济性”及“增加利润中心在交涉等活动中的冲突”。而为了克服这些问题，京瓷采用的对策是“企业理念教育”和“各利润中心之间的紧密沟通”。

---

① 从另一个角度看，可知 Cooper 对于“是否与外部客户开展买卖交易”这一点的重视程度。

第2章

阿米巴经营的四大框架

第 1 节　组织构造

（1）分权化

从 Cooper（1994，1995）亦可知，“分权化”是阿米巴经营的组织构造的特征之一。分权化在之前就是经营管理实务及研究中的核心课题。而如今放权经营（Empowerment）日渐隆盛，使其重要性被提到了新的高度。

组织构造研究的先驱伯恩斯和斯托克（Burns & Stalker 1961）曾指出，在快速变化的不安定环境中，与集权化的“机械组织”相比，分权化的“有机组织”更具适应性。这种“有机组织”拥有灵活的关系网，而其中分权化的各部门能一边相互接触，一边以独立的方式解决问题。但正如金井（1999）所指出的，所谓“有机组织”这一名称自身不过是一种理念形态。而接下来的论述可以证明，现实中企业的组织构造及流程各不相同，而其分权化也与这种具体差异相适应。

与按照职能划分的组织不同，事业部制对事业部部长赋予销售及生产两方面的权限，并使其担负盈利责任。而出于对事业部制的“分权化不充分”这一缺陷的反省，日本企业从20世纪90年代后开始关注公司（Company）制。该制度将公司资本交由公司总裁（Company President）托管，提升了其开展投资等活动的决定权。此外，对于先前集中于集团总部的人事权限，也大幅移交给旗下各公司。该制度的目标在于让原本受限的人力资源得以灵活利用，并使各分公司实现独立性的经营。

即便如此，事业部制及公司制所涉及的分权化依然只聚焦于企业高层的权限及责任。而一旦把注意力转向更下层的组织，比如事业部部长或公司总裁下属的生产和销售部门，就会发现它们依然是成本中心或收入中心，其与按照职能划分组织的情况并无不同。假如企业规模极大，那即便从职能划分组织转变为事业部制或公司制，企业的绝大部分成员（包括中层干部及其下属们）所被赋予的权限及责任也几乎没有变化。

如今，作为高度分权化组织的典型，扁平化及团队化组织开始受到人们的关注。扁平化组织的构造如同镇纸一般，也被称为水平型组织。其目的是尽量在靠近第一线的位置迅速做出决策，以及通过起用下层管理者来找回组织的活力。其可见的特征包括“废除部长科长制”“大幅移交权限”“组织分散化”“低阶层化”等。但横田（1998）指出，即便组织实现了扁平化，其高层管理者、中层管理者及一线员工这种“3 阶层构造”本身并无变化，因此企业中的纵向层级关系并未完全排除。因此组织扁平化的意义并不在于组织构造的变化，而在于工作方式的改变。而 Galbraith 也指出，与以“纵向信息流”为核心的金字塔形组织相比，扁平型组织的基础是“非正式的、自发的，且由内而外”的流程，因此重视横向层级之间的沟通交流。

接下来审视一下若干种团队型组织。传统化经营组织的典型是箱型组织，通过上级指示，组织接受各种工作任务。而团队型组织与之不同，首先设定目标和任务，然后建立与之相匹配的团队，而任务一旦完成，团队就解散。

此外，还有以正式组织的形式长期存在的团队，比如以自主性小集团活动为目的的 QC 小组（QC 小组又称品管圈，它是由相同、相近或互补的工作岗位的员工自发组成的数人一组的小团队，旨在解决工作现场及管理等方面的问题，以下简称 QC。——译者注）。QC 下的分权化组织属基层级别，且数量众多，但被赋予的权限也十分有限。

我们的兴趣点在于具有较大权限、进而替代正式组织的分权型组织团队。Manz & Sims（1993）所提出的"自我管理团队（Self-Management Team）"便是其中之一，这种团队拥有领导，但没有上司；虽然会被分配任务，但由团队自身自主进行控制管理。

在传统大企业中，为了在成熟的"老本行"之外开展新业务，有的会以"企业内公开招募"等方式集结充满创业精神的内部人才，然后让他们负责经营"模拟风投企业"。这种"公司内创业"的模式并不少见。虽然具体运作方式因企业而异，但都会给予负责人一定的经营资源，并允许其以"自由定夺"的方式经营该"模拟企业"。这种制度旨在赋予"公司内创业者"企业家般的强烈使命感，从而使其充分发挥主观能动性。此外，由于脱离了固有的"老本行"，形成了独立的组织，因此等于从传统大企业的桎梏中获得解放，因而能够发挥创意、促进创新。而精密机械商社 MISUMI 的"团队制"可谓该制度的"强化版"，该公司会在企业内公示新目标，然后以公开招募的方式，决定团队领导甚至是团队成员的人选。

这种团队制的共通点在于，团队领导被赋予较高权限，至于所需的经营资源，其不再依靠纵向层级的调拨，而是通过利用横向层级的关系网“自力更生”地获取。与传统的正式组织相比，其灵活性可谓提升了一大台阶。

但通过上述分析可以发现，要想全面理解“分权化”这一概念，并非通过“消极分权化”“积极分权化”这种单线程的简单脉络便可一蹴而就的。换言之，必须站在“多线程”的角度（比如对谁赋予权限、什么权限、何种程度等），考察组织全体。在我们看来，阿米巴经营的分权方式与上述各种分权化组织皆不同。本研究立志实现比 Cooper 更为细致的考察，进而发现阿米巴经营独特的分权化手法以及其背后的逻辑。

（2）独立核算化

与上述分权化属于平行关系的是独立核算化。但要注意的是，其不属于狭义的组织构造问题。接下来会以独立核算化为切入点，回顾相关的先行研究。

对于组织分权化与盈利责任之间的关系，谷（1999）论述道：“传统的管理会计知识遵循了美国企业的事业部制组织的思维，即为了应对不同市场，按照产品、职业所划分的联邦分权制。组织单位只有对特定市场和产品兼具生产及销售两方面的职能，才能承担起盈利责任。这便是所谓的‘产销一体，方可盈利’。组织单位通过拥有两方面的资源，迅速适应市场，从而达成盈利任务。倘若将理解止于此层次，自然会认为按照生产工段或销售产品所划分的小组织单位根本无法承担盈利责任，而其组织领导也不应被赋予经营组织单位的权限。换言之，在传统的管理会计理论看来，组织单位若不能相互独立，便无法采用独立核算制。反之，若组织单位相互依存，便无法负起盈利责任，而一旦涉及需要调整相互依存性的决定，则只能由上司来定夺。”

为了梳理理论，我们将该问题分为两方面来探讨。

关于独立核算化的论点之一，是使组织转变为独立核算的利润中心的方法。一般而言，如果要使组织利润中心化，就必须使其兼具产销两方面的功能。但纵观实际的阿米巴组织，许多都只有生产或销售中的一项功能。按照传统理解，它们应该止于成本中心或收入中心。当然，生产事业部在向销售事业部提供产品时，能够在结算价的基础上加上一定的利润，或者按市场价定价，从而成为利润中心。此外，生产工段之间也可以以事先定好的标准价交易成品或半成品，而标准价与实际成本之间的差额便是各生产工段的利润。但如果按照 Cooper（1994）的记述，则阿米巴之间的交易采用的是基于市场价的协商价，而其与成本的差额便是利润。可以想象，这种方式会显著提升员工的利润意识。而我们则有必要调查相关的实际情况。

此外，在传统的管理会计书籍中会提到，为了彻底贯彻事业部制组织的独立核算化，企业会赋予其否决权，即相关组织不仅能进行企业内部交易，还有权与外部企业买卖产品或服务。加上公司内资本金制度，以及在分摊总公司和企业共同费用开支的基础上所进行的业绩评价，其利润计算方式已然接近独立企业。该方法将市场机制引入事业部。而据 Cooper 所述，阿米巴经营也对企业内的买方和卖方给予否决权。那么其与事业部制之类的模式有何不同？另一方面，他并未论及有关分摊总公司和企业共同费用开支，以及公司内资本金制度的问题。这与前面探讨分权化时所涉及的投资权限亦有关联，但我们也有必要调查阿米巴的相关实际情况，包括是否拥有资本金，是否被要求制作资产负债表等。

关于独立核算化的论点之二，则是阿米巴独立性的问题。要说事业部制及公司制的前提，归根结底是各组织单位充分的独立性。可阿米巴组织不但没有“产销一体”的功能，而且体量过小，与其他阿米巴之间的相互依存性较高。

其典型例子是将一条生产线以不同机器设备划分而成的若干个阿米巴，这样的阿米巴自然无法独立做出决定，而需要与前后工段的阿米巴实现巧妙的协调。如果遵循阶层组织的常识，那么开展这种协调工作便是上司的职责。于是，阿米巴的业绩便受到上司协调能力的影响。但这样会降低阿米巴的“可管理程度”，因此若想制定让人信服的阿米巴业绩评价机制，就必须剔除这种“管理不能”的部分。

而且阿米巴的体量越小，其相互依存性就越高，要想去掉“管理不能”的部分，提取“管理可能”的部分，就变得越发困难和繁杂。而阿米巴组织数量的增加更是雪上加霜。一旦业绩评价无法实现合理公正，各阿米巴之间的矛盾冲突便会增加，而整个企业势必会陷入低效化。那么这种将组织细分化的阿米巴经营究竟能否进行合理的业绩评价？是否存在提升阿米巴独立性的机制？是否存在避免阿米巴之间生出不必要矛盾的机制？这些疑问既直白又直接，也非常合理。

谷（1999）虽然没有明确记述，但我们在这里还是要强调，关于上述论点之二涉及的问题，其起因并非只限于利润中心化。换言之，不管是成本中心还是利润中心，如果企业内组织体量大、数量小，则组织间的协调工作量自然就少，各组织的独立性也自然就高。反之，即便是按照功能划分的成本中心型组织，如果越是细分，则其与邻接部门之间的相互依存性就越高，而相应的业绩评价难度也会上升。由此可见，该问题对于阿米巴经营的意义在于"因果处理"，即"小规模组织"和"内部交易"的"因"，生出了"难以拥有独立决策的独立性"和"难以管理"的"果"。而如何处理这种因果，便是要点所在。

关于这些问题，Cooper（1995）也提到过。他指出，包括阿米巴经营在内的"真 MPC"系统存在阻碍规模经济性的可能，以及在交涉等过程中增加利润中心之间矛盾冲突的风险。他还提到，京瓷通过企业理念教育及促进利润中心之间的密切沟通，从而克服这些问题。

Cooper 的记述究竟是否正确？对我们而言，阿米巴经营克服这种制度性制约的具体手段，正是令人颇有兴趣和好奇的方面之一。

第 2 节　管理者行为

（1）领导的能动激活与信息传达

在思考分权化时，除了着眼于与组织构造相关的宏观论述，还应关注较为微观的管理者行为。而管理会计学在讨论管理者行为时，一直把“员工的经营参与”作为关键词。

Argyris（1953）指出，其通过对工厂一线监工的采访及实地观察，发现预算系统对实现业绩的责任人造成了工作上的考核压力，进而导致紧张、人际关系恶化、效率低下等。他还指出，要想解决这些弊端，重点在于让这些责任人参与预算制定，给予他们讨论目标及达成手段的自由，从而让最终敲定的预算成为他们自己能够接受的目标。这属于上级对下级的一种关怀引导行为，即给予下级实现自我的机会，从而提升其工作的主观能动性。

此外，Argyris 还提及了“形式参与”这一问题。即上层管理者为了不让背负业绩责任的负责人事后有推诿逃避的借口，因而让他们以“走过场”的方式形式化地参与预算制定，但实际上并不让他们充分陈述意见，且最后让他们在预算的同意书上签名。此外，Becker & Green（1962）和 Ronen & Livingstone（1975）等都在有关管理会计领域的研究中聚焦了“给予下级实现自我的机会”这一与“参与预算”相关的关怀引导行为。

而 Brownell & McInees（1986）指出，预算会议是上司对下属传达方针的场合，因此参与预算制定具有改善业绩的效果。而对于“参与型信息传达机制”，Mia（1988）开展了实证研究。

但上述研究案例存在一个潜规则般的前提：被允许参加的管理人员只发挥极为被动的作用。他们沦为模式化，即只是高层或战略部门所定战略计划的执行者。上述案例中的确赋予了他们出席目标设定会议的权限，但不用期待他们会提出什么划时代的点子或者发挥什么改变战略本身的影响力。

企业采取“参与预算”机制的目的有多个。Brownell & McInees 和 Mia 关注金字塔般从上至下的信息传达，而 Dunk（1990）则引用了代理论题，其指出，虽然存在“上级制定战略”这一根本性前提，但“参与预算”的确能够让下级向上级传达信息。换言之，上司让下属参与预算制定的目的在于“收集基层信息”。对于制定战略的上司而言，下属被定位为“基层实地信息的提供者”。

（2）战略·改革方针活动及放权

金井（1991）将中层管理者的行为分为两大类：基本活动和战略·改革方针活动。上述的“参与型”活动，不管是以能动激活还是信息传达为目的，都属于基本活动的范畴，而并不涉及战略·改革方针。但在当今风云变幻的大环境下，越来越多的企业开始意识到，战略·改革方针活动才是企业中层管理者应该发挥的重要作用。其背景在于对“战略观”的转变，即“实际战略并非一定由高层或战略部门的分析而得，基层组织单位对于实际状况的独立性适应行为也能催生战略”。这就是所谓的“进化论战略”。该观点认为，企业中层逐级决策的积累与实施正是支撑战略的关键所在。

Kotter（1985）指出，当今企业组织由各色人等所构成，其结构复杂，且相互依存性较高。而管理者并不具备为了达成目标所需的足够权力。在这种权力与现实的鸿沟面前，要想发挥优秀的领导才能，管理者就必须善于运用关系网，集结上级和外部相关人物的能量，行使有效的资源动员。而且，这种“权力鸿沟问题”很少在日常的基本活动中产生，其往往在开展战略·改革方针活动时才变得显眼。

进入20世纪90年代，作为以促进领导的战略·改革方针活动为目的的参与型经营模式，“放权化（Empowerment）”概念开始受到较高关注。它可被直译为“赋予权限（Power）”。但倘若其内涵只是单纯的“赋予权限”，那么“Delegation（委权）”一词更为常用，大可不必再搬出一个“Empowerment”的说法。而如今后者之所以开始被频繁使用，是因为它拥有Delegation一词所不具备的“给予勇气和干劲”的意味。换言之，“Empowerment”是通过赋予较大权限，使负责人士气高涨，从而以积极的心态去挑战困难的目标。而周围的人给予这样的中层管理者以支持，从而消除了前面提到的“权力鸿沟”，使其能够充分开展战略·改革方针活动。

对于这点，寺本（1995）指出，中层管理者应该拥有改革现状的坚定意志和强烈使命感，成为“活力中层”（Power Middle），进而激发企业家精神。而Blanchard et al.（1995）提出“人生来具有能量，其以知识和热情等形式显现。而放权化（Empowerment）便是激发这种能量的手段”。此外，1999年荣登经管类畅销书榜的《企业为何会一成不变》（柴田，1998）也好，其他讲述西南航空及迪士尼等企业的成功故事的书籍也好，它们的核心主题都是“对中层以下员工的放权”。对于被放权的员工，这些书都有类似的生动描绘：他们被赋予较大的责任和权限，充分发挥出潜在的干劲和能力，从而自发地挑战新课题。而重点在于，该过程中产生了灵感和创意。这是因为在实现了放权化的组织中，每个个体被认可为“智慧的源泉”。而从另一个角度来看，这种对于放权化的推动，也等于强化了野中（1995）和Nonaka & Takeuchi（1995）所主张的企业中层的“知识工程师”（Knowledge Engineer）的作用。

然而，也有学者对放权化持怀疑态度。Argyris（1998）指出，放权化的实际效果并没有那么显著，其并非激发组织活性的特效药。原因在于CEO的真正心态：他们其实并不希望由于给予员工“自治权”而丧失经营层的“管理权”。而倘若以保持“自上而下”的管理方式来推进放权化，则员工们会认为这种“放权”并非实至名归，从而导致他们的参与责任感低下。而且Argyris

还提出了更具现实性的主张——自上而下的业务管理与员工的放权化机制不得不共存。换言之，必须在承认放权化存在界限的基础上，灵活巧妙地处理实际状况。

金井（1991）也提出，对于管理者行为中的基本活动和战略·改革方针活动，二者必须平衡兼顾。而上述 Argyris 的主张与金井的该理念具有共通之处。从第 1 章所介绍的 Cooper 的记述及各种经管书籍和商业杂志的内容可知，在阿米巴经营中，巴长拥有非常高的“参与经营”的权限，但至于巴长们实际的职责作用和行为内容，却未被详细披露。鉴于此，我们打算细致记述阿米巴巴长的行为内容，并加以分析。

第 3 节　控制系统

（1）以放权为目的的管理会计

上一节中提到了 Argyris（1998）的论点，其虽然点出了平衡“放权化”与“控制”的重要性，但却没有提及包括管理会计在内的“控制方法”的具体设计方案。然而该问题涉及“放权而不放任”这一管理控制的本质，因此不可忽视。

Johnson（1992）认为，美国企业从 20 世纪 70 年代至 80 年代逐渐丧失竞争力的原因在于采用了基于会计数字的“自上而下”的业务管理控制方式。鉴于此，他主张美国企业应该向“自下而上”的“放权化管理”转型。在他看来，面对顾客的“即时适应性”和生产流程的“可塑灵活性”正是企业竞争力的源泉，而为此，则必须对员工放权，使他们能够开展持续不断的学习提升和流程改善工作。总之，他的论点可以归纳为“管理会计系统是高层经管的专属品，其产生的会计数值用于下达目标及根据结果来远程控制员工。但会计数字生成的时机往往过晚，且数值自身也过于概括笼统，无法做到行为流程及其结果的可视化。鉴于此致命缺陷，管理会计的数值并不适用于放权化管理。对于被赋予权力的员工，反而应该直接管理诸如人和物的动向、工段、顾客等实体要素。其具体关键点包括通过 TQM（Total Quality Management）（TQM 即全面质量管理，是指一个组织以质量为中心，以全员参与为基础的管理模式，其目的在于通过让顾客满意和本组织所有成员及社会受益，从而实现长期成功。——译者注）来提升员工的创造性，并通过 JIT（Just in Time）（JIT 即实时生产系统。其在 1953 年由日本丰田公司副总裁大野耐一提出。其实质是保持物流和信息在生产中的同步。目的在于通过适时、适量、适物的生产，节约生产成本，创造经济效益。——译者注）使作业流程合理化。

与之相对，Blanchard et al.（1995）指出，在思考设计以放权化为目的的管理系统时，“信息共享”是不可或缺的要素。而 Schuster et al.（1993）亦指出，为了让使用 TQM 等非财务性指标的放权化管理更为高效，就应该向“开卷管理”转变，即把所有的财务结果公示给被赋予权力的员工。其主张的根据在于，虽然会计数据原本只属于企业高层和会计负责人，但如果能把它们与全体员工共享，就能实现透明化经营，公司全员都能从财务的视角确认自己的活动成果。如果能像这样让员工们产生认同感，让他们觉得“自己也是公司的主人之一”，那么员工的主观能动性自然会提高。

很明显，Blanchard et al. 和 Johnson（1992）的观点对比鲜明。在 Johnson 看来，会计归根结底是企业高层的专属品，其与基层管理并无相容之处，因此为了实现放权化，就必须远离会计控制，转为采用非财务性指标的量化标准。该论点基于的主张是“对基层员工而言，会计数据过于概括笼统，难以展示经营现象的实态”。与之相对，开卷管理理论认为，企业高层应放弃对会计数据的独占，转而将其与员工们共享。一般认为，对绝大多数员工而言，会计数据艰涩难懂，但在 Schuster et al. 看来，只要对员工进行会计知识培训，使会计成为企业内的共通语言，会计数据就不再是看不懂的“天书”，员工们也能灵活运用它们，从而做出适当的决策。如果这真的可行，那么 Johnson 所主张的前提就会被推翻，他的担心便也只是杞人忧天而已。

加登（1999a）指出，京瓷的阿米巴经营也是“开卷管理”的一种。而 Cooper 虽然没有明确提出开卷管理这一概念，但其对京瓷的阿米巴经营的记述中提到“通过单位时间核算，使每个人都对利益与损失的根源一目了然”“允许技术员及工程师访问会计数据库，因此能简单地计算出产品成本，还能参与定价”……鉴于此，我们打算确认阿米巴经营是否具有上述“开卷管理”的性质，且这样的性质是否对放权化起到了帮助作用。

在以阿米巴经营为代表的 MPC 型放权化制度中，另一个涉及管理会计系统设计的论点是管理成本。换言之，如果把小规模的组织单位设定为利润中心，与大规模的组织相比，包括目标设定、业绩计算、结果传达、分析工作在内的管理周期中的各流程的活动量将会急剧增加。与此同时，由于重要信息会传达至企业内的大多数员工，因此信息外泄的风险也会相应增大。

究竟该如何设计管理会计系统，才能既克服上述问题，又让非会计专业的基层员工也能轻松使用呢？此乃管理会计研究中尤为重要的课题。倘若能够证明会计信息对放权化的促进作用，那么不但能推翻 Johnson 的主张，还能拓展出一个更大的命题——“以放权化为目的的理想的管理会计系统”。此外，我们还必须调查阿米巴经营对“信息外泄”这一风险的看法。

（2）控制模式的多样性

根据Johnson的论述，我们可知，他认为要想提升独立性，只要放松控制即可。由此可见，对于如何引导被赋予权力的员工与上级建立统合、协调的关系，他几乎没有做过多少思考。

GE的前会长Jack Welch也主张“决算书的数字无非是结果而已。因此我们GE并不设定利润目标值。具体的项目一旦成功，利润自然会产生”“预算计划会剥夺企业活力”……换言之，在实现较高水准放权化的GE企业内部，管理会计系统似乎被看作一种官僚主义的丑陋产物。此外，GE还通过“六标准偏差”来推进放权化。这点与Johnson主张推进TQM的意见有许多重合之处。

但实际上，Welch并没有完全放弃控制。他其实对现金流和利润率十分敏感，而他设定目标参数并成功达成的手腕，使其被誉为优秀的企业管理者。因此要注意，Welch并非全面否定会计控制，与之相比，他更重视“企业价值观的共享”。[①] 他旨在让每名 GE 员工接受 GE 的价值观，从而使他们深刻理解“应该做什么”。他之所以给人以“对管理会计手法持消极态度”的印象，如果说是由于他为了通过彰显这种“价值观管理”而故意散播的话术，也许有点过度解读，但有一点可以明确，即他的观点与主张“单纯弱化会计控制”的 Johnson（1992）的论述并不相同。而从对 GE 的实例分析亦可知，该企业的管理制度存在多种控制模式，它们被巧妙组合、灵活运用。说来也并不奇怪，迄今为止的管理论中，很少有明确站在该角度的分析探索。

围绕控制模式的多样性问题，Simons（1995）提出了“综合框架”的概念。他在 *Levers of Control* 一书中阐述道，“组织中存在影响日常业务活动的无数个系统。然而，对于‘为了达成目标，为何且如何灵活运用这些系统’，管理者往往缺乏系统性理解”。此外，他从“放权化组织”出发，提出了“四大控制杠杆”的概念，它们是“信条系统”“事业伦理境界系统”“诊断型控制系统”“双向型控制系统”。该四大控制杠杆的目的、沟通内容及控制手段如表 2-1 所示。

---

① Collins & Porras（1994）认为，“共享价值观”才是成为超越时代、不断进步的“Visionary Company”（拥有自身理念的长青企业）的条件。

表 2-1 四大控制系统的目的、内容及手段

控制系统	目的	沟通内容	战略控制手段
信条系统	对于探求活动的放权及扩大	理念	视角
事业伦理境界系统	设定自由范围	战略领域	竞争地位
诊断型控制系统	调整及监控最初战略意图的实施情况	计划书与最终目标	计划书
双向型控制系统	对于创新型战略的激活及引导	战略的不确定性	行动模式

Simons 认为，诸如利润计划和预算等管理会计系统范畴的手段，一般都可以作为诊断型控制系统来使用，但如果面对的是战略高度不确定的情况，也可使用双向型控制系统。换言之，可以把围绕预算等计划的会议作为组织学习及孕育战略的信息交换流程而加以利用。其间，上司通过与下属的对话，可以探索与战略的不确定性相关的重要信息，而下属亦可与上司共享信息。

Simons 对于上述各系统在放权化组织中的具体运用情况颇为关注。他指出“放权化制度需要更完善的控制系统与之匹配。（中略）这既是为了避免放权化的成果毁于不到位的控制，也是为了避免控制的成果毁于不

成熟的放权”。这与 Johnson（1992）“为了提升独立性，最好放松控制”的观点形成了鲜明对比。我们今后在考察推进放权化的阿米巴经营时，应该关注其管理系统的设计逻辑，看其逻辑更接近哪一方的意见。

此外，信条系统是给予组织机会，使其探寻自身立足点的“动机型系统”，组织立足点包括组织的价值、目的及方向性。事业伦理境界系统是以明确认知的事业风险为基础，进而向探索机会的行为施加制约的系统。通过二者相加，被赋予权力的员工便能在无限的机会空间中明确认识“何乃不可为”及“何乃可为”。对于前者，将其从选项中去除；对于后者，则全力投入。

但信条系统也好，事业伦理境界系统也罢，要想使它们发挥作用，关键在于平日的经营理念的教育和落地程度，以及高层和上司的行动是否遵循经营理念、是否起到模范作用。Simons 的该主张表面上是其将信条系统和事业伦理境界系统明确视为正式的企业经营系统。这也恰好解释了为何 Jack Welch 让被赋予权力的 GE 员工共享企业的价值观。由此可见，Jack Welch 并不满足于仅依靠基于会计数字的“硬性”管理手段，他对于基于经营理念的“软性”管理手段也予以灵活利用。

与其他人的研究相比，Simons 的分析框架的优势在于，其控制模式具有多样性，涉及“硬性”及“软性”手段；各模式复杂且互补，使在很多情况下无意识实行的管理系统以兼具现实性和多面性的视角分析呈现出来。我们打算以该分析框架为依据，探讨阿米巴经营的各部分分别与上述“四大控制系统”如何对应，以及它们如何组合和发挥作用。

顺便提一下，Cooper 认为，阿米巴的统合依靠灵活的报告系统、月度例会及企业哲学的相互作用而得以确保。由此可见，他也对控制模式的多样性有所察觉，但由于未能发现使综合分析成为可能的上述框架体系，因此自然也未能论及各控制模式如何排列组合、如何发挥整体作用。此外，对于会议沟通孕育战略的可能性，即阿米巴经营中存在双向型控制系统的可能性，Cooper 也未提及。与之相对，谷（1997）指出，阿米巴经营能够促进纵向层级的相互作用和横向层级的相互作用。这也是我们在调查中必须弄清的问题。

第 4 节　阿米巴系统导入

（1）导入效果

当今，在管理会计的研究中，有关系统导入的问题日益受到关注，其瞩目度甚至已与管理系统的机理本身平起平坐。尤其对实际业务执行者而言，他们强烈关注的问题是“导入某种特定的管理系统，究竟能否让企业真的变好”。显而易见，与导入的系统已然顺利运作的企业相比，那些对系统导入持观望态度的企业，以及在导入后遭遇困难、难见成效的企业更加需要研究者所提供的相关信息和知识。

而且，这些企业所思考的不仅限于“导入后是否会让企业受益”，必然还包括一些更详细的问题，比如确认“哪些是会显著产生的效果”“哪些是不太能期待的效果”等。更进一步具体来说，包括“（阿米巴系统导入）是否会提升员工的企业家精神，从而促进新点子和新创意的诞生，最终为企业的成长做出贡献”“是否会提升业务效率，从而强化企业的赢利能力”“是否会提升企业内的协调力和向心力”“是否会通过激烈竞争来提升员工的主观能动性”……总之，作为企业，对于导入的管理系统，必须仔细斟酌其高昂的综合成本（包括机会成本在内）是否能够创造出高于成本的利益。

但为了获知这点，仅以已然导入相应管理系统且稳定运作的企业为对象，理解它们的系统机理，这么做是否足够且到位？的确，一旦明白机理，便可推测其具体效果及对企业造成的变革。但即便相应企业长年应用该系统，且取得较大的商业成功，其相应商业活动的宏观环境、产品特性等各种因素皆对结果施加影响，因此很难断言测定的变化归功于系统的导入。

如前章中指出，Cooper 的考察对象是阿米巴经营制度已然成熟稳定的京瓷，因此自然不适用于测定导入效果。鉴于此，可以说，关于导入阿米巴经营所带来的影响，至今仍是未解的课题。[①]

关于调查方法的讨论，会留到下一章再详细开展。

---

① 国友（1995）等经管类书籍亦是如此，它们自始至终只阐述了“何为阿米巴系统”，却皆未明确指出系统的导入效果。

而在此想先说明的是，我们计划调查的是多层次的阿米巴经营效果，以管理者行为、交流沟通、品质、交货期、成本及利润等为对象，调查它们由于导入而发生变化的部分。为此，就需要思考琢磨考察对象及调查方法，将导入效果“提纯出来”，并予以测定。

（2）导入流程

除了导入效果，各界对导入流程也逐渐关注。如果只调查某种经营系统已然稳定运营的组织情况，那么就只能认知其机理功能之类的“技术性静态”层面，并不算对该系统拥有了全面认知。而在导入新系统这种“动态”情况下，恐怕就需要留意稳定状态下无法呈现的问题。

以 ABC/M（Activity Based Costing and Management 的缩写，即作业成本管理。——译者注）研究为例，在 Cooper & Kaplan（1988）等初期研究中，对于新系统，他们总是将其与传统的成本计算手法进行对比，考察其是否拥有成本动因导致的间接费用分摊等方面的技术性优势。换言之，他们的关注点大多在这种系统机理层面。后来，由于新系统实际普及率的低下以及企业导入尝试最终失败的案例增多，研究者的关注点便从最初的技术层面转为导入流程。与此同时，随着以导入企业为对象的案例研究成果相继发表，促进导入成功的各种关键要素也渐渐浮出水面[Cooper et al.（1992），Anderson（1995），Shields（1995），Krumwiede（1998），Malmi（1999）]。

对于导入ABC时应考虑的系统内部要素[①]，Anderson & Young（1999）列出了“企业高层的支持”“管理者的参与责任”“工会的支持”“充分的经营资源”等。他们还指出，系统外部要素[②]也很重要。外部要素可分为两大类——个体层次要素和组织层次要素。前者包括“对于变化的渴望”“组织参与感”“组织价值认同感”，后者包括“报酬系统”“竞争环境”“现行系统的信息准确度”“环境变化”“临时减员趋势”“工厂发展的阻碍”“该工厂对企业的重要性”“该工厂的成本削减意识”。由于这些属于ABC的研究成果，因此不能百分百作为参考，但从中可以看出，我们亦有必要思考阿米巴

① 他们将其称为“流程要素”，但由于他们所定义的“流程”与本书频繁使用的“流程”含义不同，为了避免误解，因此故意使用“系统内部要素”这一意译方式。从狭义上讲，企业高层的支持等并不属于“系统内部”的范畴，但在这里为了与另一概念“系统外部要素”做对比，基于“直接对系统产生作用”的意义层面，故意将这些要素也称为“系统内部要素”。

② 原文中将其称为“前后要素”，这里为了与内部要素做对比，特意意译为“系统外部要素”。

系统的内部要素及外部要素。

在成本规划领域，对于随着日企在海外建厂而发生的向海外子公司的技术知识转移，以及欧美等企业在导入成本规划时面对的问题，相关研究成果近年来已有了较多积累［加登（1999b），伊藤（1999），冈野（1999），清水（1999）］。

本书中已强调多次，关于聚焦阿米巴经营导入的研究，迄今为止可谓皆无。摈弃旧的管理系统，导入阿米巴经营，对组织而言，这是从一个既有状态迁移至另一个新状态的动态现象。该过程中会发生什么？决定导入成功与否的要素是什么？本研究希望能尝试弄清这些系统导入现象中的固有问题。

第3章

京瓷的阿米巴经营机理[1]

① 本章第2至第7节的大部分记述内容，皆选摘自三矢·谷·加护野(1999)，内容有所修改。至于其中的具体内容，由于调查时间较早，有些部分或许已不适用于当今的实际情况，但鉴于无法进行有效的确认筛选，因此对此特意不做修正。

第 1 节　调查京瓷

首先，为了理解阿米巴经营的机理，我们针对京瓷及其关联企业，开展了采访及参与观察等各种调查活动。下面阐述具体的调查手续及收集到的数据的特征。

（1）采访

我们向 KCCS 提出申请，告知了所希望的采访内容，然后 KCCS 介绍了与我们希望相符的被访者。

于是，我们采访了 KCCS 咨询部负责人藤井（两次），询问了阿米巴经营的概要；采访了精制陶瓷事业总部部长中村常务，询问了生产部门的阿米巴经营运营方法；采访了京瓷 ELCO 董事佐佐木，询问了销售部门的阿米巴经营运营方法；采访了 R&D（研发）总部研究企划部部长宫田，询问了 R&D 部门及新业务的阿米巴经营运营方法。此外，后面也会提到，在访问国分工厂时，通过对经营管理科的山下先生、宫地先生和财务科的田熊先生的采访，我们了解了他们在运用阿米巴经营过程中的钻研和摸索；而通过对半导体部品二事业部PGA第一生产科的肝付先生和PGA一股的中村先生等人的采访，我们了解了巴长的日常活动内容等。

我们采用的是所谓的“半程式化采访”。对于受访者，我们会事先告知大致的问题项目。在采访时，我们重视对话的进展，即便触及了当初预想之外的话题，一旦我们判断其较为重要，则会请求对方进一步深入讲述。主要的采访内容如表3-1所示。从中可见，我们提出的问题涉及各个方面。

在采访时，我们还留意另一点，那便是“引导受访者尽量讲述具体的故事”。对我们而言，阿米巴经营可谓未知的系统，因此倘若只听取抽象论或原则论，则只能对其拥有模糊的印象，反而是反映该系统实情的具体言论和行为要来得更加形象和易懂。

在采访中，碍于业务或客户关系等理由，有的受访者不愿讲述具体事例。采访时长平均每回1小时30分钟左右，但有时也会持续更长时间。

表 3–1　采访表

采访	日期	在场者	主要采访内容
KCCS 咨询事业部部长 藤井先生	1995 年 9 月 14 日	谷 三矢 竹松	阿米巴经营的历史 / 阿米巴的企业内外交易 / 巴长的职责 / 单位时间核算 /PDCA 循环 / 业绩评价及激励机制 / 京瓷哲学 · 员工教育 / 阿米巴组织 / 海外子公司的阿米巴经营 / 核算阿米巴与非核算阿米巴
KCCS 咨询事业部部长 藤井先生	1995 年 10 月 5 日	谷 三矢 竹松	单位时间核算 / 中长期计划 /PDCA 循环 / 设备投资 / 业绩评价 / 巴长培养 / 阿米巴组织 / 人事制度 / 阿米巴之间的竞争 / 京瓷哲学
国分经营管理科 山下先生、宫地先生 财务科 田熊先生	1995 年 11 月 1 日	三矢 竹松	职务概要 / 工厂财务及经营管理工作 · 思维方式 / 单位时间核算流量 / 总公司与工厂的关系 / 管理部门与生产部门的关系 / 单位时间核算的运用 / 应对组织变化 / 间接部门费用的摊派 / 财务会计与单位时间核算 / 费用移动 / 京瓷哲学
国分工厂 PGA 一股 中村先生	1995 年 11 月 2 日	三矢 竹松 原田	职务概要 / 阿米巴会议 / 上司与下属的关系 / 培养下属 /PDCA 循环 / 生产与销售的关系 / 时间 · 费用摊派 / 企业内部买卖 / 应对新产品 / 交货期管理 / 设备投资 / 企业家型领导力 / 参与经营 / 单位时间核算 / 京瓷哲学 / 阿米巴的拆分 / 阿米巴之间的横向层级关系 / 业绩评价
国分工厂 PGA 第一生产科 肝付先生	1995 年 11 月 2 日	三矢 竹松 原田	职务概要 / 生产与销售的关系 / 阿米巴会议 /PDCA 循环 / 阿米巴之间的横向层级关系 / 定价 / 单位时间核算 / 企业家型领导力 / 上司与下属的关系 / 培养下属 / 全员参与 / 目标难度 / 组织编成 / 京瓷哲学 / 业绩评价

（续表）

采访	日期	在场者	主要采访内容
精制陶瓷事业总部部长 中村先生	1995年 12月15日	谷 三矢 竹松	阿米巴组织 / 创新 / 研发 · 生产 · 销售之间的关系 / 新业务 / 高层的职责 / 企业内部买卖 / 与企业外部的买卖 / 定价 / 并行作业（Concurrent Engineering）/ 组织氛围 / 领导力
京瓷 ELCO 董事 佐佐木先生	1996年 3月12日	谷 三矢 横幕 竹松	销售佣金 / 销售部门的单位时间核算 / 定价 / 销售与生产的关系 / 客户与销售的关系 / 京瓷哲学 / 领导力 / 阿米巴组织 /PDCA 循环
R&D（研发）总部研究企划部部长 宫田先生	1996年 6月7日	谷 三矢 藤井 竹松	R&D 与消费者需求 /R&D 中的核算意识 / 研发部门与生产 · 销售的关系 / 与竞争对手的研发竞争 / 研究所与事业部旗下研发部门之间的协作 / 研发资金的获得 / 事业化流程 / 企业家意识 / 领导力 / 并行作业 / 研发部门内的阿米巴组织 / 组织文化 / 研发部门中的企业内部买卖

（2）参与观察

1995年7月，谷教授与我造访了京瓷滋贺工厂。当时同行的还有神户大学经营学研究科的大约20名研究生。调研内容包括观看介绍阿米巴经营的视频、参观工厂、Q&A问答等，称不上正式调查。

之后，承蒙KCCS的安排，1995年10月30日至11月2日的4天内，我们得以在京瓷鹿儿岛国分工厂的生产第一线开展对于阿米巴经营的实地调查。其间，我们采访了生产和管理部门的巴长，还参加了工厂巡视、月初早会，旁听了事业部级别的会议以及科单位级别的月度目标设定会议等，收集到了丰富的数据。相关具体日程请见表 3–2。

之所以选择上述时期，是因为能够观察到月底的收尾作业和月初的计划会议。而至于为什么选择国分工厂作为考察对象，是因为它是京瓷最大规模的工厂，拥有生产工业陶瓷制品及半导体部件等产品的生产部门，在实施单位时间核算方面，该部门可谓最正统、最如实。鉴于此，我们认为，要想理解阿米巴经营的实际情况，该考察时期与对象的组合最为有效。

表 3–2　国分工厂访问调查日程表

10 月 30 日	12:00	到达京瓷国分工厂（KCCS 竹松先生陪同）
	12:30	国分工厂概要说明 /KCCS 鹿儿岛信息系统开发事业部部长渡边先生
	13:30	工厂参观（半导体部件二事业部）/ 半导体部件事业部国分分部管理责任人福留先生
	15:00	工厂参观（结构部件事业部）/ 结构部件事业部生产部门负责人笼原先生
	16:30	Q&A 及日程协商 /KCCS 咨询事业部原田先生
	18:00	联欢会 / 竹松先生 · 原田先生 · KCCS 咨询事业部早川先生

（续表）

10月31日	06:00	参加副厂长的工厂巡视 / 鹿儿岛国分工厂副厂长永田先生
	08:30	拜访西垣厂长→工厂巡视的补充说明 / 永田先生
	09:00	观察生产现场（生产、检查、出货、事务）/ 半导体部件二事业部部长前先生
	11:00	观察出货现场
	13:30	参加半导体部件二事业部的午会
	14:00	参加半导体部件二事业部的月度反省会
	15:00	Q&A 及日程协商 / 原田先生・竹松先生
11月1日	08:00	参加全体早会
	10:00	听取经营管理科・财务科意见 / 经营管理科负责人山下先生・经营管理科生产管理负责人宫地先生・财务科负责人田熊先生
	13:00	参加生产部门的计划制订会议（结构部件事业部）
	15:00	Q&A 及日程协商 / 原田先生・竹松先生
11月2日	11:00	Q&A/ 原田先生・竹松先生
	13:00	听取生产部门意见 / 半导体部件二事业部 PGA 一股中村先生
	14:30	听取生产部门意见 / 半导体部件二事业部 PGA 第一生产科肝付先生

（3）阿米巴经营研究会

从 1989 年起，KCCS 就开始面向京瓷集团外的企业，开展阿米巴经营的咨询业务。其中的一环便是名为

“阿米巴经营研究会”的研讨会，它旨在让其他企业了解“何为阿米巴经营”。在我们开展调查的1995年，该研讨会每月举办一次，且那半年内的形式一直不变——上午举办特别公开讲座，下午的讲座则是面对已经导入阿米巴经营的企业。

至于参加者，前者通过征集方式，参加者来自考虑导入阿米巴经营或对其抱有兴趣的企业，根据主题，来自京瓷或是其他已导入阿米巴经营的企业的讲师基于自身体会现场讲解，还有90分钟的讲座和30分钟的答疑。参加者平均在50人左右。

后者在特别公开讲座结束后进行，6家导入阿米巴经营的企业的导入推进负责人聚在一起，举行工作坊（workshop）性质的研讨会。首先聆听KCCS或者京瓷集团请来的讲师的讲座，然后围绕现场主题，大家认真且开诚布公地阐述各自企业的问题及推进阿米巴经营过程中的烦恼。可谓关乎阿米巴经营的运营课题的讨论活动。

比较来看，二者的氛围不同，特别公开讲座较为正式。由于其最大目的在于推介阿米巴经营，因此主要介绍阿米巴系统的优点。此外，由于参加者多为几乎对阿米巴经营一无所知的人，因此无法开展深入讨论，也无法涉及技术性内容。

面向已导入企业的讲座则不同，其每次的参加成员几乎固定，人数较少，且参加者拥有共同点——都来自导入了阿米巴经营的企业，因此氛围较为轻松，彼此不太拘束。而其讨论内容也更贴近实务，比如“处理产品所需时间（lead time）较长时，想把在制品作为考核指标（此举有违阿米巴经营原则），是否应该这么做”……而涉及问题现状等负面内容的对话亦不少。研讨内容不但反映了各企业的具体情况（比如所涉行业及导入时间等），有时还会包含对于上个月或上上个月的讲座中所得建议的实践结果等。研讨涉及十分高阶且复杂的问题，有时连 KCCS 的咨询师都会答不上来。

我有机会参加了 1995 年 10 月至 1996 年 3 月的所有阿米巴经营研究会（整个第 3 期研究会系列），包括特别公开讲座和面向已导入企业的讲座。[①] 对我们的研究而言，这亦是收集信息的重要一环。但如果把阿米巴经营研究会中所得数据作为研究资料使用，则需要留心和注意。因为该研究会本身归根结底是 KCCS 的对外业

① 我们还从 KCCS 那里获得了诸多资料，包括特别公开讲座中的 KCCS 森田社长、钟崎株式会社吉田社长、京瓷中村常务、KCCS 经营信息事业部福井部长的讲话录音稿，以及面向导入企业讲座的全课程录音带。多亏这些资料，提升了我们的分析效率。

务，面对听众，其动机明显，即试图赋予听众“阿米巴经营是一种优秀管理手法”之类的正面印象。可见，对于这样的数据，难以断言其绝对客观或科学。

但即便有这样的短板，毕竟选出的讲师（基于KCCS的评判）都是各个领域的专家，熟知阿米巴经营。他们会讲述普通采访难以触及的有趣内容。鉴于此，我们一方面小心剔除实在缺乏客观性的部分，一方面把阿米巴经营研究会中咨询师与客户之间的答疑和讲座内容等视为调查资料，并加以积极利用。[①] 这使得我们加深了对阿米巴经营的理解。同理，那些来自导入企业的讲师的体验谈以及参加者的发言，对于我们的第四研究课题（系统导入问题）亦有较大参考价值。

整个第3期阿米巴经营研究会系列的课程如表3–3所示。

---

① 话说回来，不管是社会科学调查中经常采用的普通采访，还是更给人以客观印象的问卷调查，对于从中获得的信息和数据，也并不能保证它们就格外客观和科学。因为作为被调查对象的企业会刻意筛选接受采访的人员，如果知道相关内容日后可能会被出版成书，那企业方面就会进一步排除受访个体的随意性。鉴于此，从严格意义上来讲，在经营学领域，想实现客观调查，可谓极其困难。

表 3–3 第 3 期阿米巴经营研究会系列课程 ①

日期	10：00~12：00	13：00~15：00	15：15~17：15	
第 1 回 1995 年 10 月 24 日	阿米巴经营使什么成为可能 KCCS 社长 森田直行先生	新人入门环节：参加目的·自我介绍 KCCS 咨询部负责人 藤井敏辉先生	阿米巴经营中会计思维的原点 京瓷财务部部长 石田秀树先生	联欢会
第 2 回 1995 年 11 月 16 日	导入阿米巴经营的企业发生了何种变化 （株）钟崎会社社长 吉田久刚先生	介绍导入阿米巴经营时发生的障碍实例 KCCS 咨询部副负责人 横幕功先生	经管部门在推进阿米巴经营时的职责·使命 京瓷经营管理部部长 和泉政义先生	
第 3 回 1995 年 12 月 15 日	阿米巴经营现场实践谈 京瓷常务 中村升先生	库存管理的理想状态 京瓷物流事业部滋贺物流科 水谷敏之先生	何谓有成果的会议……经营指标的要点 KCCS 咨询部负责人 藤井敏辉先生	
第 4 回 1996 年 1 月 17 日	如何科学设计最理想的组织 CDI 研究所 小林惠智先生	领导力提升讲座 KCCS 教育部哲学研修科负责人 田代千明先生		住宿
第 4 回 1996 年 1 月 18 日	领导力提升讲座 KCCS 教育部哲学研修科负责人 田代千明先生			

① 深色部分为特别公开讲座，浅色部分为面向导入企业的讲座。

（续表）

日期	10：00~12：00	13：00~15：00	15：15~17：15	
第5回 1996年 2月15日	为何阿米巴经营能够“盘活”人 KCCS经营信息事业部部长 福井诚先生	支撑阿米巴经营的系统思维 KCCS咨询部3科负责人 上原始先生	介绍京瓷所提供的自创系统（演示） KCCS咨询部3科负责人 上原始先生	
第6回 1996年 3月15日	从经营学角度看阿米巴经营的特质 神户大学经营学部教授 加护野忠男先生	发表会的参加者《我今后的努力方向》		闭幕式联欢会

（4）阅览内部资料

我们获得了京瓷的许可，得以阅览其企业内部资料——京瓷经营信息系统事业部（KCCS的前身）于1990年制作而成的《京瓷单位时间核算表解说手册》，该手册共70页，其目录如下：

第1章　单位时间核算表（总论）

单位时间核算制度的实际情况

关于理解和制作单位时间核算表的常识

单位时间核算表中当月业绩的计入时期

生产单位时间核算的构造

销售单位时间核算

第 2 章　单位时间核算表的制作程序

单位时间核算表的制作及相关资料

关于制作干部会议资料的事项

制作工厂公示会议资料的程序

第 3 章　单位时间核算表（总论）

损益计算书的特征

单位时间核算表与损益计算书的关系

库存的处理方式

损益计算书与单位时间核算表的账目对比

第 4 章　与单位时间核算相关的企业内规则

总公司经管传达要旨

管理部门会议决定事项

对于单位时间核算的相关规则，该资料内有详细记述。如前面所述，阿米巴经营研究会中面向导入企业的讲座常常讨论阿米巴经营运用方面的微妙问题。而通过该手册，我们了解了基本规则，因此对于 KCCS 讲到的所谓“改进小窍门”和“具体情况具体应对”等方式，也能够清楚理解。

不仅如此，我们还借到了收录稻盛先生演讲选段和内部致辞的员工手册《京瓷哲学》1~36 条的复印件。阅读后，我们知晓了京瓷经营理念和阿米巴经营所要求的思维方式的具体内容。此外，我们还拜读了与稻盛先生一同创业的京瓷第二任社长青山政次先生执笔的《心中的京瓷二十年》(1987)，该书是发放给京瓷全体员工的内部资料，属于非卖品。这些资料的主旨在于让京瓷员工进一步深度理解阿米巴经营，并更为高效果、高效率地运用它，因此与我们这种研究者以纯粹研究目的收集的资料相比，它们在客观性方面存在些许问题。但它们也包含了许多不为人知的内容，比如京瓷从创立伊始的小微企业成长为大企业的过程、稻盛先生的经营哲学、逸事、京瓷风格的工作推进法等，我们把它们作为研究资料。虽然本调查没能采访到实际创立京瓷和发明阿米巴经营模式的稻盛先生，但《京瓷哲学》和《心中的京瓷二十年》对该空缺起到了补充作用。

(5)稻盛先生的著作及其他

从严密的意义上来说，这些并非我们开展实证研究所得的数据，但鉴于没能采访到稻盛先生，作为替代手段，我们将他的7册著书也作为资料利用。它们是《提高心性　拓展经营》《成功激情》《敬天爱人》《对日本的谏言——追求拥有梦想和志向的社会》《活法肆：开始你的明心之路》《稻盛和夫的实学：经营与会计》《稻盛和夫的实学：经营三十四问》。

此外，在其他与京瓷相关的经管类图书中，基于“如实描写稻盛先生言行”的标准，我们选出了2册，同样作为资料采用。它们是永川幸树所著的《稻盛和夫的盛和塾·经营秘传——萧条变机遇》、SONY magazines Business Book所编撰的《稻盛和夫语录：经营的艺术家，孤高的创业家》。

第 2 节　京瓷概要

1959 年，当时稻盛和夫先生 27 岁，以他为核心，本着“让自己的技术问世”的想法，京都陶瓷会社（如今的京瓷）得以创立。最初的资本金为 300 万日元，员工 28 人。主要业务之一是向松下电子供应电视显像管的特定部件——U 形绝缘体。头一年度的销售额为 2600 万日元，常规收益为 430 万日元。

作为生产零部件的独立小企业，常常得不到订单，因此当时只得接手其他公司由于技术或成本原因而搞不定的活儿，以“我们能做到”的承诺，硬把订单拿下来。

当时的京瓷一无设备二无技术，其实没有接这种订单的能力，但稻盛先生及其员工拼命努力。随着不断按期交货，京瓷的技术实力和企业信誉日益提升。而随着家电产业的兴隆，其承接的产品种类也逐渐增多。

而后来让京瓷实现大飞跃的，是电脑 IC（集成电路）封装的兴起。封装既能保护IC，也起着连接基板等部件的作用。而随着IC高集成化、高速化的迅猛发展，对封装的特性要求也不断提高。自20世纪70年代以来，京瓷一直在不断开发新材料和生产技术，处于业界领头羊的位置。经过了数十年，包括电路基板和金属喷镀件在内的半导体部件，已然成为京瓷的盈利支柱。

其后，以精制陶瓷技术为基础，京瓷不断开拓新领域，包括以电容器和打印头为代表的电子元器件，工业陶瓷材质的引擎、机械部件、切削工具、医疗用材料以及非常独特的结晶技术产物——以“CRESCENT VERT”为品牌名的人造宝石材质的珠宝首饰。1983年，京瓷还兼并了当时由于业绩不振而苦苦挣扎的知名相机厂商“YASHICA”(八洲光学工业)，正式进军光学仪器市场。

曾经很长一段时间内，日本的电信业都被NTT所垄断。为了打破这种闭锁局面，时任京瓷社长的稻盛先生于1984年创立了DDI（第二电电）。投资电信业需要巨额资金，当时的京瓷拥有1500亿日元银行存款。他对京瓷的董事会说道:“即便没了1000亿日元，我们银行账户上依然还剩500亿日元现金。而且我们的主业风头强劲，丝毫没有出现颓势，所以就让我试一把吧，亏到1000亿我就作罢。”获得董事们的允诺后，他以DDI

最大股东的名义，宣布进军电信业。当时，除 DDI 外，日本 TELECOM 和日本高速通信这两家企业也加入了长途电话业务的竞争。与这两家相比，DDI 拥有较大劣势。日本 TELECOM 的母公司是 JR（日本铁路公司集团），日本高速通信背后的运营主体则是日本道路工团和丰田汽车。要实现通信，需要铺设光纤。前者自然能沿着新干线铺设，后者则能沿着高速公路铺设。与之相对，DDI 无任何基建资源，无奈之下只得建设微波中转基站。从开业起就面对诸多不利因素，但其化压力为动力，积极开展经营，不久便取得了 3 家企业之中首屈一指的业绩。[①]

1982 年，DDI 收购了步话机厂商 Cybernet 工业，接受了包括其北见工厂在内的资产。如今，北见工厂成为京瓷手机的生产基地，呈现生机勃勃的活力。

除 DDI 外，京瓷集团旗下后来还拥有了卡拉 OK 机厂商 TAITO 和京瓷多媒体有限公司。短短数十年内，京瓷集团成为能够自产部件、仪器，且拥有电信网络的信息通信大企业。

不仅限于信息通信领域，京瓷同时还关注环境领域，

---

① DDI 于 2000 年与 KDD 和 IDO 合并，成为 KDDI。

并视其为将来的成长点。其核心是1975年启动的太阳能事业。1996年，京瓷太阳能有限公司成立。如今，在生产太阳能电池方面，其已然成为全球市场份额位于第一梯队的领头羊企业。

京瓷如此的卓越业绩受到瞩目，在20世纪七八十年代被誉为“超优良企业”。从创立起至今，京瓷的销售额一直在顺利增长。此外，在石油危机、日元升值和泡沫破灭等经济衰退期，与其他企业相比，京瓷的业绩下滑幅度较小，恢复的速度也更快。

京瓷的销售额常规收益率十分惊人。1969年竟高达42%，其他年份也至少在10%以上，一般都在20%左右，赢利能力极强。

一般认为，企业的成长和赢利较难两全。要想维持高收益，就会下意识地抑制面向未来的投资，从而降低企业的成长性。但京瓷却不同，其两方面保持着“高位平衡”。如上所述，其一方面积极开展多角度经营，一方面又能迅速让新染指的业务走上正轨。结果增加了作为经营支柱的业务数量，提升了经营的稳定性。不少人认为这归功于阿米巴经营，所以从下一节起，我们会探讨这种独特的经营体系。

第 3 节　巴长的培养

（1）阿米巴经营的开端

阿米巴经营的初衷是为了激发每位员工的企业家精神。对此，稻盛先生有如下阐述：

“（当年）在建设京瓷的第二个工厂时，有件事让我忧心。当时的京瓷还是家资历尚浅的年轻企业，在我们一腔热情下急速成长。但我害怕作为开拓者的热情早晚会失去，京瓷或许也会沦为世间常见的官僚主义企业。于是乎，我打算在公司内部培养企业家。”

阿米巴既非针对特定项目而临时编成的目标驱动型团队，也非 QC 小组这种为了辅佐正式组织而存在的补充型团队，它是完全正式的组织。生产阿米巴可按照工段划分，销售阿米巴可按照地区或商品划分，其成员平均 10 人左右，最多也不超过 50 人，并采取独立核算制。

这样的小组在京瓷内不计其数。简单来说，阿米巴就好比小工坊或商店，巴长就好比这种中小企业的经营者，有义务养活自己和员工。

顺便提一下，稻盛先生是技术人员出身，因此当年在一开始经营企业、实施管理时，面对既有的会计系统，哪怕是精练出的数据报表，他依然觉得过于复杂。于是乎，为了有效实施阿米巴经营，他想出了一种简单明了，就连没有会计专业知识的人也能轻松驾驭的系统，这便是单位时间核算制。在第5节中，会对其进行详细说明。

（2）巴长的培养

在京瓷，哪怕是25岁左右的年轻员工，也有人成为巴长，负责运营一个阿米巴。有时甚至要管比自己年长的员工，并对他们发出指示、给予鼓励，从而达成目标。直面困难和问题时，巴长只能靠自力更生解决，因此这绝非轻松的差事。但大多数京瓷员工却说："一旦尝过运筹帷幄的乐趣，就会想追求更高级别的喜悦，于是会去挑战更困难的项目和任务。"可见，对于负责运营阿米巴的巴长们，京瓷通过大幅度的权限下放，培养出一批批拥有企业家意识的巴长。

有的中小企业的企业家会说："我们和京瓷没法比，

没人才资源，没法实施阿米巴经营。”但中村常务指出这是错误的，他还基于自身经验，驳斥了这种想法。他说道：“当年，有个初中毕业的新人小伙子加入了我负责的阿米巴。那人有点流里流气，我担心他到底行不行。（中略）可过了3个多月，他变得工作认真努力。1年后，他成了‘单人阿米巴’，自己为自己的独立核算负责，而他的谈吐也渐渐变得文雅。而且会把‘如何增加收益’‘如何提升效率’等挂在嘴边。才初中毕业1年，自然算是非常年轻的，对于阿米巴经营，他可能感觉像玩游戏一样，所以乐在其中吧。他在学校里的成绩肯定算不上好，或许从未被表扬过。而在进入京瓷、融入阿米巴后，他获得了表扬和赞许，这可能是促成他大幅进步的原因吧。”

中村常务还说：“一旦让员工负责阿米巴经营，本人便会自然地发挥出原本自己和周围人都未尝发觉的潜力。因此要转变思维，不是‘自己的企业没人才’，而是‘自己的员工还没发挥出能力’。一旦在合适的位置上，谁都能发挥出意外的潜力。”

（3）作为判断基准的京瓷哲学

话虽如此，但让缺乏经验的巴长做出高难度的经营决策，毕竟还是伴随着风险。因此需要遵循“放权而不放任”的宗旨，避免巴长做出错误决定。而阿米巴经营有这种抗风险机制，后面会讲到，其通过小规模组织和单位时间核算制，使企业内部管理实现了透明化，从而使问题能够较早被发现。

但倘若在错误产生后再修正，归根到底也只是“事后对应”。因此京瓷发给员工《京瓷哲学》，这种人手一本的小册子归纳总结了稻盛先生对于企业经营的思考。册子里也写明了京瓷员工应该做和不应该做的事。此外，京瓷对基于哲学思想的理念教育十分重视，其投入大量时间，彻底落实思维方式和价值观的共享。这使得作为“阿米巴经营者”的巴长们能够做出正确判断。有一位巴长在接受我们的采访时说：“在不得不做出困难抉择时，我就会翻开《京瓷哲学》，思考该如何做。”

（4）负责的组织大小

前面提到，巴长的角色相当于小工坊或小商店的老板，负责经营阿米巴。京瓷的员工总数大约为13000人，而阿米巴的数量在1200个左右。[①] 换言之，大约每10

① 此为调研时的数字，当时是20世纪90年代中期。

名员工中，就有 1 名担任巴长职务。

巴长最初负责极小规模的阿米巴，小到可以掌控其各个细节和角落。以精制陶瓷事业总部部长中村升常务为例，当年他进入公司 3 个月后，便被任命负责月产额 300 万日元的阿米巴。当时，稻盛先生对他说道："听好了。临街有家蔬菜铺，那家铺子每月的销售额大概是 50 万日元，而你的阿米巴可是 300 万日元，你不比那家铺子的老板更努力，可就说不过去了哦。"

中村先生回忆道："当时在那个阿米巴里，我有两名下属。他们的一切，皆由我全权负责。当时我认识到，原来这就是阿米巴经营。"从那之后，他有了企业家意识，知道"自己得背起责任，与两名下属一起努力，将 300 万日元的月产额进一步提高"。同时，他也意识到，只有具备"自己的工作岗位要由自己来守护"的坚强意志，才能胜任巴长一职。

而在经营小阿米巴的过程中获得成功体验、树立自信的员工，便会被安排去负责更大的阿米巴，负责做出更难的决策。通过这种 OJT（On-the-Job-Training 的简称，即"在职训练"之意。——译者注）的进阶过程，巴长的经营能力不断获得提升。

第 4 节　迷你利润中心

（1）阿米巴经营的利润概念

所谓利润，即销售额与费用开支的差额。按照普通的利润计算方式，生产阶段只产生成本，随着工段的推进，成本也逐层累计。与之相对，销售额属于销售活动的成果。因此按照通常的做法，只有开始计入销售额，利润才会产生。换言之，这种思维的出发点是“利润由销售部门创造”。

而售价与生产成本的差额，即所谓的毛利，则常常被视为反映销售部门努力程度的指标。如图 3–1 所示，首先，销售部门将生产成本作为内部结算价，买下生产部门的产品。接下来便是展示其销售能力的时候了——能在内部结算价的基础上加价多少，能卖多少给客户，其业绩就是销售部门的赚头所在。换言之，销售之所以重视毛利，反映的是“利润来自销售”的思维。下面将这种方式称为“成本结算价方式”。

与之相对，稻盛和夫先生曾在演讲中讲道：“当时是京瓷创立的第 4 个年头，我们是松下电器的显像管部件的供应商，每年都被要求降价。（中略）当时需要向松下的采购部部长提供决算书，起初看到我们决算书上的利润，对方就说：‘哦？你们还蛮有得赚嘛。’（中略）最后我们就不再这么老实，故意在决算书上呈现赤字。然后对对方说：‘都已经亏本了，还降价呢，我们都想涨价了。’结果对方却说：‘你们说要亏本，可有的公司的报价比你们还便宜，既然你们这么说，那就算了。’”

当时的京瓷只生产电子部件，有没有订单关乎生死存亡。有了上面的体验，稻盛先生领悟到“价格由市场定，这无可奈何，亦无法违背”。就算把产品的生产成本层层累计，然后宣称“我们加上的利润只有这么一点点，已经很合理了”，客户只要一句“不需要”，一切便毫无意义。

通过和松下电器打交道，稻盛先生还明白了另一个道理：“市场价虽然基于竞争原理自动决定，但成本可以由自己做主。（中略）面对市场价，能降多少生产成本，便是胜负的关键。（中略）想尽办法发挥创意来降低成本，其成果便是利润所在。”

对于利润，稻盛先生的上述讲话包含着划时代的见解。其基于“价格由客户决定”的市场化思维，认为“唯有优化生产，才能创造利润”，进而发展出“制造商的利润由生产部门创造”的理念。

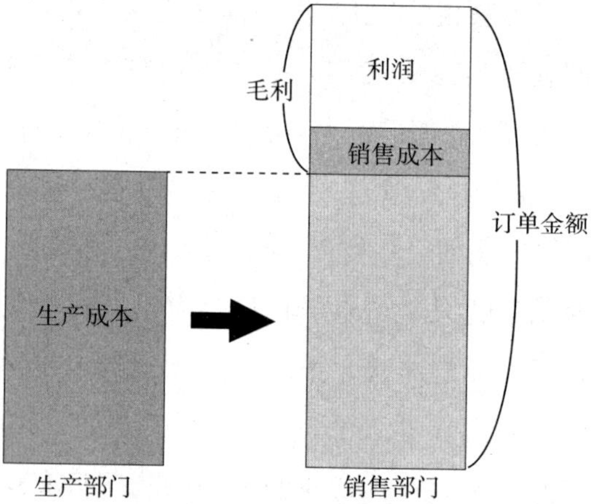

图 3-1　成本结算价方式

基于这种思维，销售便成了客户与生产部门之间的协调人。在进行接单生产销售时，与客户直接接触的销售部门便能将市场信息传达给生产部门，比如“公司要获得订单而生存下去，就必须再压多少成本”等。这与

“销售是利润创造主体”的成本结算价方式形成对比。

为了反映这种信息，在阿米巴经营中，会把客户的订单金额先计入生产部门的生产金额内。而对于与客户交涉的销售部门，生产部门支付佣金。如图 3–2 所示，销售佣金与销售成本的差额便是销售的努力成果，也是其收益所在。至于生产部门，生产金额减去生产成本和付出去的销售佣金，所得差额便是其收益。为了确保较好的收益，生产部门就必须想尽办法削减成本。这种利润计算原理实现了稻盛先生提出的“利润由生产部门创造”的理念。我们将这种方法称为“接单生产销售方式”。

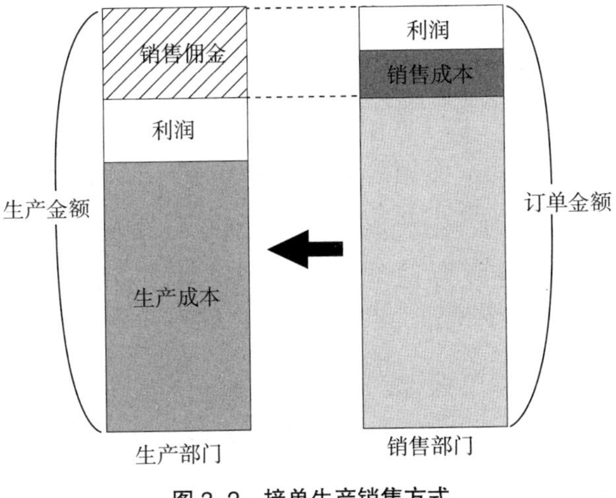

图 3–2　接单生产销售方式

（2）渗透市场机制

如前面所述，不少生产阿米巴的单位时间核算系统中，将订单额作为生产金额计入。这种做法能够灵敏地传达市场动向，强化生产部门的市场意识。

打个比方，成本价 6000 日元的产品，定价 1 万日元，每月销售 100 件。对企业而言，其月度销售额自然就是 100 万日元。假设付给销售部门的佣金额为销售额的 10%，那么销售部门便能获得 10 万日元的销售佣金。而生产部门的成本为 60 万日元，因此生产部门的利润为 30 万日元（=100 万日元 –10 万日元 –60 万日元）。

假设该产品的市场售价降为 8000 日元，那么就如表 3–4 所示，生产部门的生产金额为 8000 日元 ×100 件 =80 万日元。而销售佣金也变为 80 万日元 ×10%=8 万日元。而倘若生产成本依然是 60 万日元，那么生产部门的利润便减为 12 万日元（=80 万日元 –8 万日元 –60 万日元）。

对生产部门而言，这种利润的直接减少便是“必须降低成本”的预警信号。可见，这种机制能够将市场动向直接传达至生产部门。

与之相对，前面提到的成本结算价方式则不同，如表 3–5 所示，只要给销售部门的内部结算价不变，就不会直接影响到生产部门。不得不说，在这种机制下，生产部门很难具备市场意识。

表 3–4　生产部门的损益——采用接单生产销售方式的案例

（单位：万日元）

	变化前	变化后	差额
生产金额	100	80	△ 20
销售佣金	10	8	2
生产成本	60	60	0
利润	30	12	△ 18

表 3–5　生产部门的损益——采用成本结算价方式的案例

（单位：万日元）

	变化前	变化后	差额
内部结算价	60	60	0
生产成本	60	60	0
利润	0	0	0

（3）阿米巴之间的沟通

这种接单生产销售方式能够强化生产部门的抗压能力，但同时也会导致生产部门对销售部门施压。

从上述事例可知，一旦对外售价降低，就会直接冲击生产部门的利润。当然，客户拥有定价权，生产部门最终只得接受。由于生产阿米巴无法对外开展销售活动，因此会刨根问底地追究销售部门："就不能把价格定得再高一点儿吗？""就找不到其他客户了吗？"……

而对销售部门而言，自然也无法因为有佣金可收而高枕无忧。售价一降，自己的佣金也会跟着降，而且还会遭受生产部门的施压。鉴于此，销售部门也会尽力满足生产部门的诉求，努力与客户交涉，从而避免了销售随意答应客户要求的情况发生，可谓对销售部门起到了一种牵制作用。

在该机制下，销售和生产要想实现双赢，必然要交换信息，积极展开对话。销售要告诉生产，客户想要什么；而生产则联合开发小组，向销售积极提案，比如"目前拥有这样的技术水平""目前能生产这种别家没有的独特产品"等。这种反应迅速的信息沟通既能切实增加生产部门的利润，也能帮助销售部门更为轻松有效地开展营销活动。即便没有企业高层的介入，销售和生产之间也能自动自觉地积极沟通。

而沟通并不只限于与销售衔接的末端工段的生产阿米巴，市场信息能够沿着工段逆向而上，传达至全体生产阿米巴。而实现的关键，就在于阿米巴之间的买卖。

在京瓷，每个工段都是独立的阿米巴，每个阿米巴都被要求“自己赚取利润”。资材或产品在阿米巴之间流动时，并不是基于成本价的单纯交付，而是通过协商定价的买卖行为。换言之，企业内的阿米巴之间在做生意。这便是所谓的“公司内部买卖”。

工段… → 工段X → 工段Y → 工段Z → 销售

图 3–3 按照工段划分的阿米巴

表 3–6 阿米巴之间的买卖事例[①]

	工段…	工段 X	工段 Y	工段 Z	销售
对外出货				100	
公司内部卖出	10	25	60		
公司内部买入	…	10	25	60	
销售佣金（接手佣金）				10	(10)
生产成本	…	4	15	20	
利润	…	11	20	10	10

假设有如图 3–3 所示的工段，各工段皆为担负核算

---

① 在实际交易中，工段之间的买卖也存在销售佣金，此处为了便于说明，因此予以省略。

责任的阿米巴。从资材和产品流向的角度看，作为上游工段的左侧的阿米巴首先采购半成品，自己进行加工，然后将加工后的产品卖给右侧的下游工段阿米巴。而从买卖的角度看，是右边的阿米巴先获得外部订单，然后在思考自身成品率等能力的基础上，以“只订购所需量，杜绝浪费”的方式，向左侧的阿米巴下单。

如表 3–6 所示，销售阿米巴拿到 100 万日元的订单后，该金额便成了工段 Z 的生产金额。假如佣金率为 10%，那么销售部门所得的佣金便为 100 万日元 ×10%=10 万日元。

假设工段 Z 的生产成本为 20 万日元，那么其最多只能付给工段 Y70 万日元（=100–10–20），不然就亏了。而通过交涉，工段 Y 接受的总价为 60 万日元。于是乎，通过这样的公司内部买卖，工段 Z 获得 10 万日元利润。

当然，对工段 Y 而言，这 60 万日元就等于公司内部销售额。接下来同理，工段 Y 从工段 X 的阿米巴那里以 25 万日元的价格买入半成品。由于工段 Y 的生产成本为 15 万日元，因此其利润为 20 万日元。而工段 X 则与位于更上游工段的阿米巴进行公司内部买卖，获利 11 万日元。

通过阿米巴之间这样的买卖行为，公司内部便产生了市场。这个内部市场以销售部门为媒介，与外部市场相连，因此能够把外部市场的变化传达给所有工段。一旦销售阶段的卖价等交易条件恶化，工段之间的内部买卖条件一般也会自然而然地趋于严峻。而如果买卖金额下跌，则各生产阿米巴就不得不降低成本。可见，阿米巴经营不仅让与销售直接衔接的工段关注市场，而且让所有工段都具备了市场意识。

（4）定价

在按职能划分组织的企业里，当资材或产品在工段之间流动时，其内部结算值即生产成本。哪怕是采用事业部制的企业，虽然各事业部之间基于市场价进行买卖行为，但内部的工段之间依然以生产成本来交付产品。总之，各工段单纯地把前面工段的总成本加上自己工段的成本。换言之，各工段仅负有成本责任。

与之相对，在京瓷，即便是工段末端的阿米巴，也不与其他阿米巴采用基于成本价的交付行为，而是通过双方协商定价的形式进行内部买卖。阿米巴属于独立的迷你利润中心，必须通过这种买卖行为来赚取利润。

而随之产生的问题是交涉过程中的定价方式。对此，京瓷只设定了“各巴长按照自身意志决定”的原则。稻盛先生常说“定价即经营”，这是因为定价包含无数的选项。比如削减利润，增加销量；又比如为了确保利润而稳住价格，为此宁可减少销量等。而定价的关键，在于在“顾客乐于购买的价格范围内”找到那个最高的上限价格。

这种定价思维并不仅仅适用于企业外部客户，对于企业内阿米巴之间的买卖行为也同样适用。京瓷希望经营阿米巴的巴长能够意志明确地进行交涉。

可见，巴长需要具备商人的才能。比如，巴长从下游工段那里接到了生产1000件半成品A的订单，可如果还卖之前10日元一件的价格，实在没有赚头。这种情况下，巴长就必须做出判断，究竟是接受订单，还是予以拒绝。

这时候，巴长就需要开动脑筋，多方考虑。比如，若能同时以15日元一件的价格，接到生产500件半成品B的订单，由于A和B的原材料共通，因此就能压低原材料的进价，总体上就有赚头了。于是向下游工段的巴长提议，当对方接受时，买卖就成交了。可见，有时乍一看似乎无法获利，但根据巴长的思维和对策，依然可以接单。换言之，巴长要凭借智慧，让交易朝着对自身有利的方向发展。

此外，巴长还必须具备评估所负责工段成品率的能力。该能力之所以重要，是因为其决定了从上游工段阿米巴采购资材部件的数量。打个比方，如果预估自己的阿米巴的成品率为98%，要生产出1000件合格品，订购生产1020件（=1000÷0.98）产品的资材即可。可如果实际成品率只有90%的话，买进的资材就只够生产918件（=1020×0.9）合格品。这时便只得追加订购。换言之，这属于预判错误。

反之，如果实际成品率高达100%，那么就产出了1020件合格品，等于多出了20件。这种情况下，如果下个月还有同样的订单，那自然可以放到下个月的出货批次中。但如果该订单到此为止，则这20件便成了彻彻底底的多余浪费。

不过阿米巴之间的买卖并非只是冰冷的计算，还有“人情债”之类的因素掺杂其中。再以上面假设的情况为例，如果订单到此为止，那么这20件就成了无意义的库存。这时，如果作为采购方的下游工段有办法通过改造加工等手段，将它们用在其他产品上，那么就可以买下这20件。如此一来，等于帮了上游工段的忙，而上游工段则欠下一个人情。以后在要求上游工段降价或者按时交货时，做的这个人情就有用了。总之，即便单个计算的结果是没赚头，但如果能熟知并灵活利用包括成品率和生产效率在内的自身条件，便有可能提高利润。所以说，阿米巴之间的内部交易和社会上的买卖行为并无不同，可谓非常现实。

此外，在定价时，巴长被要求对每样产品细致核算。前面举了接单生产的例子，核算亦是其中的判断基准，且巴长必须明确把握每样产品的核算数据。倘若在进行核算管理时，对于数样产品，采取的是一笔笼统账，那么就无法得知具体的盈利明细。各品种的卖价和成本每天都在变动，品种之间的数量比率也非固定不变。有时一开始还有赚头，可不知不觉间却转为赤字。阿米巴有时的确会接受利润率极低的订单，但其判断势必基于对每样产品的细致定价。

（5）交易顺序

下面介绍名为“原承包商制度”的独特机制。在京瓷，阿米巴之间的交易关系并非只能局限于“按照工段顺序”。只要能实现“整体交易的高效化”，京瓷允许多种顺序的买卖行为。

比方说，如图 3–4 所示，国分工厂的结构部件事业部 1 科拥有 3 个股——切削、烧制、研磨。首先，同时负责出货的研磨股即是原承包商（与销售部门的联系窗口），其从销售部门获得订单。接下来，由研磨股向切削和烧制股下达加工订单。换言之，按照工序流向，切削和烧制是相邻工段，但二者之间却没有开展公司内部买卖。切削股完成的半成品由研磨股买下，然后研磨股再把它们交给烧制股，要求其进行烧制加工。烧制完成后，研磨股进行最终加工，然后向销售部门交货。

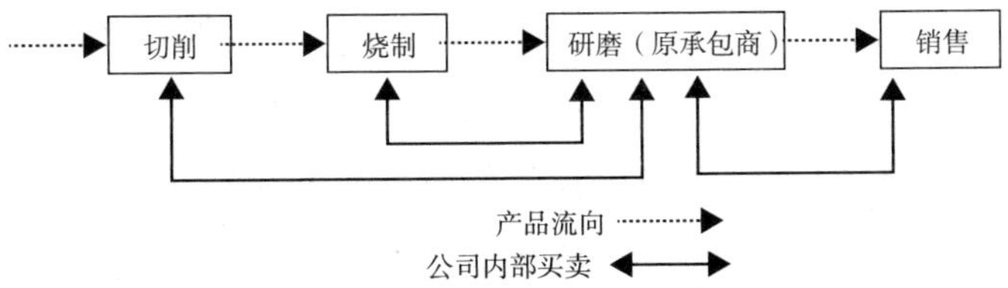

图 3–4　原承包商

这样的交易顺序由统管这些阿米巴的科负责人决定，其决策宗旨是"让每个阿米巴充满活力""让市场信息能够更快传达"等。而图 3–4 的交易顺序则是本着"让市场和生产信息集中于一处"的思想。

而当既定的顺序不再运作顺畅，或者难以反映经营实情时，就可以随机应变地更改交易顺序。此时会将改变的好处与坏处（如耗费的时间等成本）相互比较，从而做出判断。

可见，阿米巴经营给员工营造了一个与现实的企业间交易相类似的环境。如同城镇小工坊一般的阿米巴，唯有全体员工群策群力，方能生存下去。经营水平的高低，直接体现在阿米巴的业绩和状态上。

当然，如果每次交易都要一一交涉，就会非常耗时。因此对于每月固定的买卖（比如半导体部件工段，其每月所得订单基本稳定），其针对阿米巴之间的应得份额等，会事先定好规则。而在定价时，这些规则便是基准。但话说回来，是否事先定好规则，定怎样的规则，这些都由巴长定夺，即与巴长的经营水平直接挂钩。而这些方面的积累，最终以经营业绩的形式呈现，并反映出各阿米巴之间的差距。

前面提到，阿米巴经营不受工段顺序束缚，允许不相邻甚至是相隔较远的阿米巴之间进行买卖。在极端的情况下，比如有两个或两个以上的阿米巴拥有同样的加工能力，对发单的阿米巴而言，只要开出的条件对自己有利，便可以舍弃原先的交易对象，发单给另一个阿米巴。

假如交易对象只限于一家，则卖方势必会趋于强势，万一价格谈不好，一句“那我不卖了”便无计可施。但如果还有其他卖方，买方便有了讨价还价的资本："那我去别家下单。"如此一来，阿米巴之间的竞争关系便得以产生，从而杜绝了卖方阿米巴坐地起价、不思进取的情况发生。

比如，给陶瓷进行金属喷镀加工的阿米巴有两个，一个隶属半导体事业总部，另一个隶属精制陶瓷事业总部。如果和一家谈不拢，大可去寻另一家。

但在现实情况中，这种更换交易伙伴的行为既可能损害阿米巴之间的信赖关系，也会耗费大量的交涉时间和精力，因此不太会发生。然而这种机制的意义在于警示作用，其能够平衡拥有定价权的卖方和提供订单的买方之间的力量对比和紧张程度。

对于交易价格，阿米巴之间有时也会出现双方意见相持不下的情况。这时需要统管这两个阿米巴的负责人出面调停。比如科一级的阿米巴之间的矛盾，就需要部一级的负责人出面。

但即便在这种情况下，实际进行交易的巴长的意见依然优先。京瓷不允许上司单方面地敲定价格。必须在双方彻底协商、相互理解的基础上，采纳反映市场、令人信服的意见。

对此，精制陶瓷事业总部的中村升常务说道："如果我以身为上司的权力去定价，那就偏离了阿米巴的初衷。因为如果那么做，日后下属就会说‘都怪你定的价，害我们的阿米巴核算业绩这么差’。所以当我因为下属阿米巴谈不拢价格而出面协调时，我只能与他们一同讨论，讨论他们的哪些主张是对的，哪些主张是错的，以及对和错的理由是什么。我很清楚，定价不是我的权力。虽然身为上司，但我可不敢一拍脑袋就给他们做了主，因为定价事关阿米巴的生死。”

围绕价格的矛盾，尤其在销售和生产部门之间常常出现。“不报这个价格，就拿不到客户的订单”“如果是这个价格，我们可没法生产”……这样的对话，在哪家企业都是稀松平常。

当出口海外的陶瓷泵部件由于日元升值而出现赤字时，中村先生要求销售和生产双方各自拿出资料，进行协商。结果发现，销售部门把客户提出的最低价格直接报给了生产部门，于是他对销售部门指示道：“我们在给那个客户供货时，一直保证品质优良、供货稳定，你们就凭着这样的信用和口碑去交涉，应该还有涨价的余地。”同时，他又要求生产部门再一次陈述全程的工段，并汇报有关成品率及残次率的信息。发现问题后，他问能否找到对策，而生产部门回答道：“其实我们正在采取这样的对策……”

将上述努力付诸行动后，该部件的账面终于不再赤字。于是，他对销售和生产部门做了总结：“不要因为亏损就贸然放弃接单，有的生意要过 3 个月甚至半年才会开花结果。先按照目前的价格来保障订单，之后一起努力，彻底实现盈利。”正是凭借这样的彼此对话，使全员理解和信服，并确定了各自应该努力的方向。

（6）与企业外部的买卖

有时，阿米巴需要一种部件，虽然企业内有阿米巴能提供它，但企业外部的更为优质。这种情况下，阿米巴可以对外采购。为了让客户满意，势必要选用业界一流的部件来制造产品。比如生产京瓷手机的北见工厂，对于电子部件，其有时在企业内部采购，有时则会向外部的业界知名供应商采购。

如此一来，企业内部的供给侧阿米巴便不得不与外部企业展开严酷竞争。换言之，阿米巴并没有因为是企业内部组织而获得保护伞，而要求自力更生，实现可与外部竞争对手抗衡的品质和价格优势。允许外部采购等于是在生产部门导入了市场机制，由此来磨炼生产部门。

京瓷不仅允许阿米巴从外部采购，还允许它们向外部销售。为了自己养活自己，阿米巴们平时都在寻找商机。一旦发现，便与销售部门联系，并进行产品提案。当然，一旦涉及核心的制造技术，集团便会为了防止技术外流而予以制止。但除此之外，对于阿米巴的自主独立性，京瓷则予以充分尊重。

比如热敏打印机的头基板，虽然是向企业内的薄膜事业部供应的部件，但同时也向外部企业销售。还有京瓷生产的“ECOSYS”系列激光打印机，其摈弃了传统的有机光导材料（OPC）鼓，采用非晶硅感光鼓，在耐用性方面取得了飞跃进步，可谓独创性产品。而京瓷也同时向数家外部企业供应这种非晶硅感光鼓。

如果对阿米巴的这种交易行为施加制约，那么企业就不得不相应地保护和照顾它们。这样一来，就违背了阿米巴“独立思考、自力更生、自负盈亏”的原则精神。在权衡之下，还是给予它们相当大的自由空间并让它们担负相应的责任。因为在京瓷看来，这样的益处更多。

（7）阿米巴之间的协调

但这并不意味着阿米巴可以一贯以自我为中心。虽说京瓷最大限度地保障各阿米巴的自主性，但基于整体或者长期的视点，一旦发现阿米巴做出可能对企业有害的行为，则是不被允许的。对此，KCCS 的顾问说道：

“阿米巴绝对不是所谓的‘内部模拟风投企业’，不是说公司出钱，然后任其天马行空。阿米巴归根结底是隶属于某个业务流程的一环，虽然我们的目标是让阿米巴们以独立形态 100% 发挥作用，但其毕竟归属于大组织。打个比方，如果说阿米巴是人的眼睛，那么自然希望其充分发挥视觉机能，但其存在前提依然是‘人’这个整体。换言之，没有整个企业组织，就没有阿米巴。”

在学习营商特质、展开严酷竞争的同时，巴长还必须保持与周边阿米巴的和谐关系。为此，京瓷要求巴长具备“跳出自身阿米巴”的思维方式。京瓷有句话叫“销售保证交货，生产保证接单”。这乍一看似乎自相矛盾，其主旨是教育员工们摈弃私心，为对方设身处地着想。这正是阿米巴经营的成立条件。

为此，就要做到在每日作业中勤恳实践。阿米巴之间的相互依存度其实很高，再加上阿米巴组织被分得很小，稍有不慎，阿米巴之间便会生出问题。比如加工图纸有变，倘若没有告知相关阿米巴，就会加工出一堆废品。又比如，虽然自己的阿米巴已做好加工准备，但供给侧的阿米巴发生了状况，从而导致自己只能干等着。为了应对这些状况，巴长必须建立及时沟通的机制。而一旦发生问题，就必须立即提供支援的人手，从而保证供给。

阿米巴之间交换着纵横无尽的信息。在计划例会上，诸如“相关资材是否备齐”“何时能够完成”等事项都会得到确认。且每月、每周都会在制订详细计划的同时查漏补缺。一旦发现诸如“不对，现实情况其实是这样”之类的最新动向，则向全员传达，并相互协调。

但全体理解还不够，京瓷希望巴长能够在理解的基础上做出正确判断。即巴长不用等待上司的指示，而是自己负起责任，即刻做出独立判断。

为此，巴长在平日就需要掌握“如何针对具体情况做出相应判断”的基准。而京瓷之所以倾力于经营理念的教育，便是为了让全体员工共享这套判断基准。不仅是巴长，倘若全体员工都能“跳出自身阿米巴，拥有大局意识”，做出正确判断便不再难。

第 5 节　单位时间核算

（1）单位时间核算的诞生

当年，创业伊始的京瓷只是一家弱小的生产商，没有定价权。为了保障利润，只能彻底杜绝浪费。

没有钱，所以没法购买新设备，只能想方设法凭借既有设备提高产能和效率。于是稻盛先生决定不过分依赖设备，而是着力于激发人的灵活性。根据产量的多少，设定两班倒或者三班倒的机制。

但如果一味叫员工加班加点、辛苦作业，则会留不住人。鉴于此，稻盛先生决定让他们了解经营的实质和现状。比如，他会对员工说：“你们目前的业绩是这样，但这样公司是维持不下去的，所以必须更加努力。”

当时，社会上绝大部分的企业家都不愿意向员工公开经营消息，他们普遍认为“不能让公司的重要信息四处泄漏，所以由企业家掌握即可，没必要让员工们知道”。但京瓷的理念是“或许有泄漏风险，但还是让员工们知道为好，这样能让他们感受到工作的意义和价值”。但是，为了让员工们知晓企业现状，就需要一套人人能理解的机制。

京瓷原本是一家接单生产的部件制造商，因此尤其重视订单的获得。为了强化销售能力，京瓷需要将销售部门的意见和建议传达至全体员工，并依此来建立团队。换言之，在接受客户提出的价格而获得订单后，必须在生产阶段提升赢利能力。

于是，京瓷开始向员工公示订单金额、接单单价、订单产品数量等信息，连与之密切相关的生产金额和生产计划也一并告知。换言之，不仅让员工知道“你们生产了什么”，还积极且彻底地告诉员工“你们创造了多少价值”之类的金额信息。

随着企业规模的壮大，京瓷拥有了多个生产据点，有的工厂生产工业陶瓷产品，有的工厂对这些陶瓷成品加装金属件等。而工厂之间渐渐产生了竞争关系。起初以“单位时间产额”作为比较各阿米巴的量化指标，即产额除以所用时间。但只生产工业陶瓷制品的部门提出“这样不公平”，他们认为，自己辛辛苦苦将廉价原料制成陶瓷件，可加装金属件的部门只是做了简单加工，便坐享其成地拥有较高的生产金额，单位时间核算值自然也高。

鉴于此，京瓷决定将材料费等费用从产额中悉数扣除，然后将这样的“净差额”除以所用时间，从而把所得的单位时间核算值作为评价标准。这样一来，产品和规模相异的阿米巴之间亦能展开公平竞争。

单位时间核算最初只用于生产部门。可随着生产部门规模的扩大，销售部门的规模也日益变大。于是乎，在 20 世纪 60 年代中期，销售部门也导入了单位时间核算制。而管理部门也在后来导入了该机制。管理部门由于没有销售额，因此只聚焦费用和时间，被视为非核算阿米巴。

（2）生产部门的单位时间核算

下面阐述单位时间核算的计算方式。先以生产部门为例，其计算公式如下：

总出货额＝对外出货额＋公司内部卖出额

总产额＝总出货额－公司内部买入额

结算销售额＝总产额－费用开支

单位时间核算值＝结算销售额 ÷ 总时间

表 3–7　生产部门核算表

总出货额（日元）	A=B+C	2680 万
对外出货额（日元）	B	630 万
公司内部卖出额（日元）	C	2050 万
公司内部买入额（日元）	D	220 万
总产额（日元）	E=A–D	2460 万
合计费用开支（日元）	F=a+b+…+q	1200 万
原材料费 金属件·进货费用 对外订购加工费 修缮费 电费 …… …… 利息折旧 间接部门的费用 工厂共同分摊费用 内部专利使用费 销售·总公司费用开支	a b c d e … … m n o p q	500 10000 200 100 100 … … 300 100 200 100 300
结算销售额（日元）	G=E–F	1260 万
总时间（h）	H=x+y+z	2000
常规时间 加班时间 部门内共通时间	x y z	1800 100 100
当月单位时间额（日元 /h）	I=G ÷ H	6300
单位时间产额（日元 /h）	J=E ÷ H	12300

接下来，让我们通过假想的例子，按顺序阐述阿米巴一个月内的活动内容。我们所假想的阿米巴从前工段的阿米巴那里采购烧制而成的陶瓷半成品，在加装金属部件后，卖给后工段的阿米巴。同时，该阿米巴还把加装完金属部件的产品向企业外部销售。请参照表 3–7 所示的核算表。

首先，对生产阿米巴而言，总出货额（A）便是销售额。其中包括对外出货额（B）和公司内部卖出额（C），即加装完金属部件的成品，卖到企业外部的便归为对外出货，卖给企业内阿米巴的便归为公司内部卖出。

表 3–7 中的阿米巴当月创造了 630 万日元的对外出货额，2050 万日元的公司内部卖出额，因此总出货额为 2680 万日元。

总出货额中包括从其他阿米巴购入生产资料的金额。鉴于此，为了得到自身阿米巴的月度净生产额［即总产额（E）］，就必须扣除总出货额（A）中的公司内部买入额（D）。

套用到这个例子里，就要从总出货额 2680 万日元中扣除用于支付从前工段购入烧制而成的陶瓷半成品的 220 万日元。于是得到总产额 2460 万日元。

所谓结算销售额，即阿米巴的收入。把总产额（E）减去该阿米巴消耗的所有费用开支（F）[1]，便可算得。对于该结算销售额，一般可将其理解为与“附加价值”相接近的概念。例子中的阿米巴当月的结算销售额为2460万日元（总产额）–1200万日元（费用合计）=1260万日元。

如果该阿米巴使用了原材料，则原材料费（a）也要算；如果加装的金属部件是从供应商处采购的，则金属部件的进货费用（b）也要算。此外，对外订购加工费（c）和电费（e）自不必说，设备的利息·折旧费（m）、修缮费（d）等与生产相关的所有费用也要被计入费用开支之中。不仅如此，事业部内的间接部门的费用开支（n）、工厂共同分摊费用（o）、向研发部门支付的公司内部专利使用费（p），以及总公司费用和付给销售部门的佣金（q），也按照“谁受益谁承担”的原则，根据所得服务相应分摊，而这些也都归入费用开支。但人员费用并不包含其中，关于这点，后面会详细说明。

---

① 此处必须注意“费用开支”这个词的使用方法。在普通的会计概念中，根据产生成本的要素，将费用开支分为材料费、劳务费和其他费用开支。但此处的费用开支并非此意。这里的“费用开支”是指阿米巴在一定时期内花掉的总费用。即所谓“必要费用开支”。

此外，生产成本、销售费用及一般管理费也被一并视为费用开支。对一线员工而言，将这些概念分开考虑的益处并不大。既然如此，就没必要拘泥于所谓“会计常识”，因此无须区分它们。核算表历经改良，为的是让员工只专注于关键要素。

单位时间额（I）由结算销售额（G）除以该阿米巴的总劳动时间（H）而得。假设该阿米巴由 10 人构成，则总时间（H）为 10 人的常规时间（x）和加班时间（y）加上生产管理等事业部内的共通部门员工为该阿米巴提供相关服务的劳动时间（z）。如果该阿米巴还得到其他阿米巴的支援和帮助，则相应的时间也应计入在内。

在该例子中，1260 万日元结算销售额除以 2000 小时总时间，便得到了 6300 日元 / 小时的单位时间额。

而作为生产效率的指标，有时会在核算表中呈现单位时间产额（J）。该产额由总产额除以总时间而得。

如相应算式可知，要想提高单位时间额，只有三个选择：提升生产额、削减费用开支、削减劳动时间。

单位时间额 =（总产额 − 费用开支）÷ 总时间

要想提升生产额，就要多争取订单；要想削减费用开支，就要杜绝浪费；要想削减劳动时间，就要提升作业效率。可见，这种单位时间核算思维简单明了，易于理解。

（3）销售部门的单位时间核算

下面阐述销售部门的单位时间核算制，算式如下所示：

总收益 = 销售金额 × 佣金率

结算收益 = 总收益 − 费用开支

单位时间核算 = 结算收益 ÷ 总时间

在此依然通过假想的例子，阐述阿米巴在一个月内的活动内容。请参照表 3–8 的核算表。

一般企业往往将卖价与生产成本的差额（即毛利率）作为量化销售部门成果的指标。但在京瓷采用的“接单生产销售方式”中，这部分属于生产部门的责任范畴。销售部门只是赚取佣金收入而已。这种思维方式亦体现在销售部门的单位时间核算方式中。

销售部门的总收益（B）通过销售额乘以佣金率而得。实际佣金率根据品类和销售方式的不同而不同，但此处为了便于理解，一律将其定为 10%。因此，当月销售额 10500 万日元乘以 10%，便得到了 1050 万日元的总收益。

表 3-8　销售部门核算表

销售额（日元）	A	10500 万
总收益（日元）	B=A × 10%	1050 万
合计费用开支（日元）	C=a+b+⋯+q	340 万
电话通信费 差旅交通费 销售手续费 销售费用 销售费用 电费 …… …… 承租费 总公司费用开支	a b c d e f … … P q	400 300 600 100 200 400 … … 100 300
结算收益（日元）	D=B−C	710 万
总时间（h）	E=x+y+z	1000
常规时间 加班时间 部门内共通时间	x y z	800 100 100
当月单位时间额（日元 /h）	F=D ÷ E	7100
累计单位时间（日元 /h）	G	5200
单位人均销售额（日元 / 人）	H=A ÷ I	2100 万
人员（人）	I	5
订单额（日元）	J	23450 万

结算收益（D）的计算方式与生产部门计算结算销售额如出一辙，即将总收益（B）中除人员费用外的

所有费用开支（C）一并刨去。而关于费用开支（C），由核算表可知，其包含了与销售活动相关的所有费用（a~q）。

在该例子中，当月的结算收益为总收益（1050万日元）减去费用开支（340万日元），等于710万日元。

关于单位时间核算（F）的计算，也与生产部门相同。把结算收益（D）除以销售部门的总劳动时间（E）便可得到。

当月的总劳动时间为1000小时，因此被710万日元结算收益一除，便得到了7100日元/小时的单位时间额。

但要注意的是，有的销售部门也会采用累计单位时间（G）、单位人均销售额（H）和订单额（J）等作为参照指标。

至于销售部门提高单位时间额的方法，无非是提升销售额，削减费用开支或劳动时间，这与生产部门的情况一致。

（4）一一对应原则

如上所示，生产和销售部门的单位时间核算方式大致如此。接下来针对计算时的几处重点，进一步做如下补充说明。

单位时间核算的目标是易于理解和上手，即便是不具备财务专业知识的巴长，也能马上靠自己进行核算计算。实际上，京瓷也的确没有把事关资产负债表（B/S）的责任交给巴长。通过单位时间核算表，巴长审视的只是损益计算书的范畴。

计算中并不出现艰涩难懂的会计原则。巴长只要靠自己如实的观察，追踪自己阿米巴的物资与金钱的流动状况即可。而实现这种简明机制的一大要素，便是“物品与票据一一对应”的原则。在阿米巴经营中，物品与票据必须同步联动。只有将这二者同时交付给其他阿米巴时，买卖才算成立。

但对生产阿米巴而言，将成品或半成品生产完毕、搬入出货仓库后，即便还未交到客户手上，也能将相应的产额视为销售额，并计入核算表。即便对企业而言，相关产品并未卖出，但生产部门不用去关注产品库存。与出货有关的事务手续，皆由物流和销售部门把控。

哪怕是阿米巴之间的内部买卖，该原则依然成立。比如，只要阿米巴 A 把 100 件陶瓷半成品的实物和票据交付给阿米巴 B，那么对阿米巴 A 而言，这便是 100 件半成品的公司内部卖出额；而对阿米巴 B 而言，这便是相应的公司内部买入额。这与现金结算如出一辙，便于直观理解。

（5）可视化管理

在实际的单位时间核算中，并不计算盘存资产。接下来我们将其与传统会计的流程做一下比较。

在大多数企业里，对于物品，关心的不是“买没买”，而是“用没用”，用了的东西，才能算作费用开支。若按照这种逻辑，上述阿米巴 A 和 B 的情况就完全不同了。首先，对卖方而言，等于是卖了 100 件半成品，这点不变。但要注意买方的情况。在这样的企业中，买了几件不再重要，重要的是用了几件。假如当月用完了 100 件，则流程方面亦无变化，可如果只用了 70 件，那么只有与这 70 件对应的金额才能被算作当月的费用开支，剩下的 30 件要计入盘存资产。

从正确把握当月经费开支的意义层面来看，这种做法很正确。但对“非专业人士”而言，按照物品流向，一次性计入 100 件半成品相关费用开支和销售额的方式，则更简单明了。

在京瓷，采购诸如原材料和辅材等资材时，原则上不设盘存资产，一旦购入，立即全数视为费用开支。不管是阿米巴之间的内部买卖，还是与外部的交易，皆如此处理。

假设其从公司外部采购加装在陶瓷部件上的金属件，每次购买三个月的用量。如果按照一般的会计处理方式，则只有用掉的部分才被归入当月费用开支，剩下的视为盘存在库。但按照京瓷的处理方式，则在采购当月将其全部归入费用开支。在当月核算表中，金属件费用一栏计入的是三个月用量的金属件采购费。

同理，京瓷也不在月末统计未完成品。一般来说，某个工段的当月产量从当月开始算至当月结束，但如果月末有“在生产中途仍未完成”的未完成品，则其消耗的原材料费和加工费便不计入当月费用开支中，而是计入“盘存资产”。

但在单位时间核算制中，并不区别对待这种“未完成品”。只要投入了生产，则全部视为当月费用开支。与是否完成无关。

于是，第一线的巴长便能通过自己的观察，亲身理解交易的过程。不管是卖还是买，都不用在意什么盘存资产。只要关注眼前物品的流向，以及如实反映其流向的核算表，便可开展经营。

按照普通的会计处理流程，不用的东西不能视为费用开支，而是要计入库存。这样日积月累，核算结果不会立即恶化，但库存却在悄悄增加。这会导致员工对库存动向缺乏敏感度。库存即便臃肿，一线管理者依然“不痛不痒”，自然会导致管理松懈。哪怕忽视库存问题，暂时也不会对经营造成影响，于是对库存的处理一拖再拖。等到有一天，整个公司搞不好，就会背负大量无用的残次库存。对于这种事态，阿米巴经营正是要做到防患于未然。

（6）费用和时间的分摊

正如在前面阐述单位时间核算的计算流程中所提及的那样，共通部门和间接部门的费用，根据“谁受益谁承担”的原则，分摊给享受服务的各阿米巴。此外，如果某个阿米巴使用了其他阿米巴采购来的资材，自然也要分摊相应的费用。

许多公司也实施这种费用分摊机制，但多数限于事业部、部和科一级。而在京瓷，即便是只有区区数人的“班一级”的阿米巴，依然采取这种机制。考虑到京瓷内部的阿米巴数量，相应投入的管理成本的确不小，但倘若轻视这种分摊机制，则各阿米巴难以得出正确的核算数字。要让最一线的巴长也担负起核算和经营的责任，就必须让其对费用开支明细（包括为什么用、用在哪里、用了多少）拥有充分的知情权。

京瓷国分工厂财务科负责人田熊道由先生曾说："之所以要采取单位时间核算制，并非只为了向一部分上层领导报告其结果，而是为了让一线员工能够认清现状和自我。自不必说，这种管理机制要求细致烦琐地作业。"正如分摊，大多数企业都视其为"多余的作业"，但在阿米巴经营机制中，为了让一线员工充分发挥主观能动性，因此视其为不可或缺的流程。

而对于共通部门和间接部门所提供的服务，各阿米巴要分摊的不仅是金钱，还有时间。对管理部门而言，分摊时间也是十分烦琐的作业。但也基于同样的理由，其在京瓷内切实严格地实施，且覆盖至最一线的阿米巴。

除了正确得出核算数据之外，针对间接部门对钱和时间的使用情况，分摊制度还起着牵制作用。由于各费用分摊至基层阿米巴，一旦分摊额度大幅增加，生产和销售阿米巴对间接部门的抱怨亦会倍增。因此，分摊等于建立了一种监督机制，促使各阿米巴不断审视间接部门提供的服务是否合理和到位。

从此可见，阿米巴经营的系统设计既有减法，也有加法。前者如盘存资产，阿米巴经营将其视为不必要之物，从而简化；后者如共通部门和间接部门的费用分摊，即便作业烦琐，也要耗费精力，提取相关信息。

但需要注意的是，在单位时间核算中，并不把人员费用计入费用开支，而是把人员的工作时间计入总时间，作为计算单位时间额时分母的一部分。

这种不把人员费用计入费用开支的做法，在一般意义的成本计算中算是异例，但其实亦有其缘由。如果把人员费用以费用金额体现，反而会使阿米巴经营难以开展。因为员工们的工资互有差异。倘若将员工的工资信息也告诉一线巴长，那么其可能就会换掉自己阿米巴内拿较高工资的人。反之，有时考虑到某个员工工资低，为了节省人员费用，即便该员工表现不好，也会在撤换时犹犹豫豫。

这样一来，人员的流动性就会变差，甚至导致阿米巴丧失原本应有的机动性。若要审视人的生产能力和效率，一律看时间便足够。总之，其主旨在于排除工资差异所造成的影响，让全员都能最大限度地努力发挥能动性。

单位时间核算的数字反映了阿米巴成员每小时劳动所创造的附加价值。而从另一个角度看，则可以认为该机制不把员工的劳动视为成本，而是将其看作利益的源泉。人归根结底与机器设备不同，并非单纯的“成本集合体”。对此，财务部部长石田秀树先生感言道：“（京瓷）不把我们为工作付出的劳动视为企业的费用开支，我个人十分中意这点。员工通过劳动创造附加价值，并从中赚取养活自己的钱，我觉得这样很好。”

但这样一来，员工们也就不得不更为认真地对待工作。为了“自己养活自己”，各阿米巴的单位时间核算值至少必须高于其每小时的平均工资率。在京瓷，该工资率并非个人或每个阿米巴的平均值，而是公司全体的平均值。至于为什么不纠结每个人的工资率，其理由与上面讲到的“不把人员费用计入费用开支”的原因如出一辙。整个公司的平均工资率是一个标准。通过它，能够判断“实现多少单位时间核算值，才能让公司运作下去”。

比如，当平均工资率为 2500 日元时，某个阿米巴的单位时间核算值为 1500 日元，则其巴长便会遭到训斥——“你的阿米巴每开工一小时，就等于倒贴给客户 1000 日元，你到底在搞什么？！”

要讲独立核算，“单位时间核算值大于工资率”是必要条件。平成七年（1995 年），京瓷开展了提升业绩的活动，鼓励员工超额完成年度计划中既定的单位时间核算值。但如果阿米巴提交的单位时间核算目标值低于平均工资率，则其连参加该活动的资格都没有。阿米巴们作为命运共同体，为了生存，京瓷鼓励它们不要“被别人养”，而要努力去“养别人”。

第 6 节　阿米巴经营的运用

（1）阿米巴会议

各阿米巴在月初举行例会。巴长在会上针对上个月的计划，讨论其实际业绩，并制订当月计划。全公司、事业总部、事业部、部、科等层级组织都会举行该例会，而出席人员和讨论内容也会相应地有所不同。

至于会议的推进方式，则由上级负责人做主，基于“易于经营”的原则来决定。如果需要把握一线情况，即便是事业总部的会议，也会叫科一级的巴长来参加。反之，有时也会请总部部长出席下层会议。有时为了讨论月中的进展状况，也会在月中或将近月末时召开会议。但其基本宗旨不变——反省单位时间核算业绩，制定新计划，讨论解决搁置事项。

会议的定位是“高层传达意志的场所”。虽说提倡全员参与，但如果仅收集第一线的意见，则会迷失应有的目标和方向。唯有先让企业高层传达意志，才能产生自下而上的信息反馈。换言之，虽然京瓷以“全员参与经营”为宗旨，但只有在“高层传达意志”的前提下，才能进一步寻求“自上而下”和“自下而上”这两种方式的协调运作。

精制陶瓷事业总部部长中村常务说道：“（开会时），稻盛会长总是坐在正中央，保持能够随时看到任何一名与会者正脸的位置。谁发言，他就正视着谁。由于会议内容涉及现场情况的汇报，因此对听众们而言，亦是了解现状、获取信息的机会。”此外，他还介绍道，对于提出的问题，彼此之间会以情景模拟的形式，追根究底地探讨，直至相关责任人找到对策、坚信能够解决为止。因此，有的与会者虽然开始一脸严肃，最后也会如释重负地面带微笑。

阿米巴经营最重要的目的是培养巴长。在会议中，大家会彻底追究“巴长的思维是否合乎逻辑”。换言之，会议的最终目的并非纠结业绩数字的好坏，而是提供一个培养巴长企业家意识的场所。

此外，高层也能当场确认巴长的“成长状态”。通过对话，能够检验巴长是否理解阿米巴经营的意义。

会议的讨论核心是“如何提升部门利润”，而巴长其间必须对自己阿米巴的目标做出明确承诺，即被要求做到“言出必行”。巴长要基于具体指标，当场说明如何养活自己的阿米巴。假如与会者发现巴长宣布的目标与整个公司做不到“矢量一致”，则可以使其当场修正。

宣布目标时，巴长不仅要讲量化的数字目标，还要阐述自己的梦想。这里的“梦想”并不是模糊的希望，而是明确的愿景，比如“想以这样的方式经营自己的阿米巴”。京瓷认为，唯有这种强烈念想，才能促使员工们努力，并激起变革。此外，会议不提倡借口和反驳，而是让责任人心平气和地接受一个月或者更久之前的自己，并且在指导下真诚反省自己过去的错误。

（2）年度计划的制订流程

京瓷的阿米巴经营周期原则以月度为单位，但每月计划的基石则是被称为“Master Plan”的年度计划。

月度计划是对该月的计划认真模拟后所得的结果。与之相对，年度计划的目的在于让巴长描绘这一年中对于经营的梦想。如果说年度计划是描绘梦想的线稿，那么月度计划便是上色的流程。此外，年度计划还涉及单位时间核算以及对设备和人员的调配。

从 20 世纪 90 年代起，京瓷开始引入中期计划。因为随着公司规模的扩大，仅凭年度计划已难以及时地预判对策。制定中期计划的目的在于让巴长接触和了解技术和市场的动向，从而描绘格局更大的梦想。但其机制和初衷与年度计划并无较大区别。因此接下来以年度计划为中心展开说明。

虽说京瓷有年度计划和中期计划，但并不是说其拥有什么精练独到的分析手段。以制订年度计划的流程为例，每年 12 月，全世界的京瓷旗下集团代表都会聚在一起，召开国际经营会议。为了准备该会议，总部部长会事先宣布事业总部的方针。而各相关负责人则按照此方针，提交对该财年的预测以及对下个财年的计划。生产部门会去向销售部门索取与各客户相关的年度计划，与关联部门岗位进行彻底磋商。总部部长则会将这些意见归纳为“事业总部提案”。

在 12 月召开的国际经营会议上，社长会首次听取有关“事业总部提案”的汇报。社长不会当场拍板，而是仔细斟酌会上得到的信息，到 1 月再发表下个年度的方针。而总部部长则会针对该方针，提出修正案，并与高层领导们围绕该修正案展开讨论，等到相互达成一致时，便授权批准其作为整个公司的年度业绩目标数字。

制订年度计划的流程大致如此。

与月度计划一样，其关键点在于“数字都来自第一线”。从形式上来说，年度计划本身由科以上级别的部门制订。但在其过程中，股和班也要制订自己今后一年内的计划，而这些基层意见会汇入最终的年度计划中。基层仅仅制订月度计划，如果年度计划只由社长或一部分高层管理者制订，那么基层就很难产生遵循并努力实现它的意识。

因此，对于年度计划，京瓷的做法是“让全员参与其中，有条不紊地认真制订”。其结果是高层的意志落实到了基层的方方面面，参与制订计划的人则愈发感到责任重大。

“年度计划是否达成”是个会被严厉追究的问题，“必须达成”是基本条件。这乍一看似乎与“描绘梦想”的说法自相矛盾，但计划若不追究结果，则在制订时亦会缺乏严肃认真的态度。

当然，不管年度计划制订得多么滴水不漏，由于客户要求和竞争对手等变数的存在，有时结果并不尽如人意。因此，年度计划所描绘的“线”，在每个月度多少会有些“走样”。但通过每月的“周期性修正”，便能保持好大方向。

此外，年轻的巴长往往会两眼只盯着“完成月度计划”。可如果像这样每天只知道处理眼前的工作，就无法具备管理者应有的广阔视野。起初尽管预测的能力范围只限于一个月，在参与制订年度计划时，也只能提交小打小闹的计划，但随着反复历练，其便能够逐渐把握公司整体动向，制订出优秀的计划。为了培养出这种能与高层站在相同高度做出判断的优秀巴长，京瓷积极给予他们这种锻炼的机会。

倘若阿米巴只关注常规性业务活动，只知道认真努力地管理常规性业务，那么就会在与其他公司的激烈市场竞争中处于劣势。为了眼光放长，让阿米巴实现真正的成长，巴长就需要捕捉市场和技术的动向，提议设备投资。这种提案在制订年度计划和中期计划时提交。换言之，对于设备等的购置，并不是由上级下达“买这买那”的指示，而是由阿米巴自己安排筹划，进而申请投资。对于“以现有设备生产是否最合理”之类的问题，巴长会反复思量，并且与生产技术人员保持沟通，关注最新动向，从而计算投资时机。

但并不是说巴长就有权随意投资。阿米巴与“内部模拟风投企业”或“内部公司制”之类的组织单位不同，它没有“自己赚的钱可以自由投资”之类的权限。

为了防止巴长随意购买设备，京瓷当然拥有“防患于未然”的相关机制——阿米巴没有可以自我定夺的投资预算，要想投资，就必须以“一事一议”的方式，提交禀议申请书。在禀议申请书中，巴长要做出“模拟推演”，提出对投资回本赢利的时间预测，且还要用单位时间核算表证明该投资是“真正有必要的、有前景的”。

投资会产生折旧费和设备利息，从而影响到阿米巴的损益计算，因此巴长自身也不会想购入无用或在核算中“不值当”的东西。其结果是促使巴长“自觉节约”，即便市面上存在性能优异的生产装置和设备，只要现有设备还能发挥作用，便尽量通过改造等方式让其继续“发挥余热”。

在一些企业，技术人员的发言权较高，这时核算意识较弱的工程师便会本着对技术的单纯兴趣而接二连三地采购新设备。但在阿米巴经营中，则要求巴长不能全盘接受工程师的意见，而要负起责任、做出判断。

另一方面，上司则发挥顾问的作用。对于“什么都想买”的巴长，上司会予以指导，要求他重新审视投资提案。反之，有的巴长较为短视，只盯着月度核算数字，这时上司则会告知他其他企业的运营和技术动向，使他认识到投资的必要性。比如，上司会指出“（你）当下还可以使用折旧的设备，这样核算数字是漂亮了，可你的阿米巴的实力又如何呢？竞争对手在生产更好的产品，这难道不是设备导致的差距吗？维持现状真的好吗？……”

（3）月度计划的制订方法

下面阐述每月的PDCA循环。第一阶段是制订月度计划。首先以实例说明。

国分工厂的某事业部中，有一个制造工业陶瓷制品的生产科。该科1995年11月度的计划制订流程如下所示，但具体数字与实际情况有所不同。

首先，隶属于该科的四个股（两个切削，一个烧制，一个研磨），基于事先准备好的“各股汇报书”，在白板上写明“上月生产计划”“上月生产业绩”“上月单位时间额”“本月生产计划”“本月费用计划”“本月结算销售额计划”“本月总时间计划”“本月单位时间额计划”。

其中，业绩数值由经营管理科在月末递交给各生产阿米巴。而生产计划则基于销售部门提供的“各品类剩余订单信息”而制订。最后将这四个股的数值合计，可得整个科的单位时间额为5870日元。

另一方面，科负责人提出方针——“上月的单位时间额为 5950 日元，为了达成年度计划，我们科本月的单位时间额要有 6000 日元”，而鉴于 5870 的计算结果，负责人则号召科内全体员工“无论如何要再提高 130 日元，大家一起想想办法”。

通过对各数值的审视，发现加班时间增加了。于是科负责人告知大家“各股要协调好分内工作，把加班时间压缩为平均每人 6 小时。如果实在有困难，就向我汇报”。然后各股便修改白板上的时间计划。

修改过的时间数值乘以 6000 日元的单位时间额目标，便得到了必须创造的利润额（即结算销售额）。将其与各股提交的结算销售额的合计值进行比较，发现后者还缺 120 万日元。

要想补上这 120 万日元的“缺口”，要么增产，要么削减费用开支。于是参加讨论的全员认真检查订单明细和费用开支项目。之后，切削股答应“通过提高成品率来削减 20 万日元原材料费”，而烧制股也表态道“我们打算试着提升 100 万日元产额，但当下有希望实现的是 50 万，至于剩下的 50 万，虽然目前尚不清楚，但我们会在月中做相关汇报”。于是，整个科决定按照“单位时间额 6000 日元”的目标，开展 11 月的生产活动。

对此，科负责人对全员鼓励道“虽然计划相当严峻，但烧制股愿意出大力，让我们一起完成任务”。就这样，让全员理解和接受的计划便制订完成。

各阿米巴在每月第一个工作日之前确定单位时间核算计划。比如生产阿米巴首先会反省上月的生产业绩，然后一边参照从销售部门获得的剩余订单信息，一边制订本月生产计划。

对于费用开支，包括为其他部门分摊的“共同费用”在内，阿米巴会仔细地逐项审查。如果品质管理或生产技术部门的费用开支膨胀，导致阿米巴要分摊的费用增加，巴长就会要求对方给出令人信服的说法。

对于时间亦如此，阿米巴甚至会详细审视自己受到其他部门多少小时的支援服务。此时，上月业绩与本月新制订的计划合在一起，便是判断在剩下的月份内能否顺利完成年度计划的重要基准。

国分工厂半导体部品二事业部 PGA 第一生产科负责人肝付弘幸先生和其下属中村健次先生（该科下属股负责人）介绍道，倘若当月的订单量低于年度计划水平，即便他们是工厂的生产负责人，也会“亲自去总公司或客户那里跑业务”。

月度计划以“自下而上”的方式制订。虽然最终还是通过上级指示来发表，但计划中的数字皆来自最基层阿米巴的判断。比如，为了最大限度地赢利，要一边分析当月的接单计划和成本数据，一边思考究竟是该关掉烧制炉，还是让其空运转，其决定权则在操作锅炉的一线员工手中。制订的计划被视为承诺，倘若随意“放卫星”，等于是搬起石头砸自己的脚。

计划一旦制订好，就要与核算内容一起计入一张表格内。计划按照股、部、事业部、事业总部的顺序，依次汇总。换言之，各种数字并非高层单方面下达的命令，而是从基层逐渐往上汇集的信息。只要按需拆分分析，高层也能对基层的经营细节做到一目了然，且能掌握数字背后的行动。

无数的阿米巴一边审视各项费用开支，一边以“自下而上”的方式制订下月计划。当然，年度计划本身不用每月修正，因为制订月度计划的作业已经十分费时费力。

但如果每月持续这样制订计划，则能够获得最新信息，而目标数值的精度也会自然而然地提高。如此一来，高层也好，基层巴长也罢，就都能做出对情况的准确预判。能预判情况，便能迅速做出反应，自然也能在问题和隐患变严重前将其妥善处理，且也能较早抓住机遇。总之，通过这种每月进行的计划修订作业，月度计划便逐渐从“纸上谈兵”转变为“接地气的管理工具”。

对于修订每月计划而产生的作业负担，也存在乐观意见——“其实也没有那么麻烦”。因为在日常作业中，巴长每天都要提交相同表格格式的业绩报告，所以几乎所有的巴长都对各项目驾轻就熟。

（4）具有“伸展性”的目标设定

在设定目标时，京瓷有一个宗旨，那就是“哪怕没有十足把握，也必须设定由愿望而发的远大目标”。在制订计划时，大家讨论最多的重点是“参照上月业绩，本月会采取哪些改善措施”。换言之，与“绝对值”化的高目标相比，京瓷更重视“巴长愿意努力比上月加码多少”。倘若处于十分糟糕的不利环境下，则计划的着眼点是“能将不利局面遏制至何种程度”。

当然，如果脱离现实，一味提出无法达成的目标，则会使下属疲惫并丧失自信。反之，如果总制定百分百能够达成的低目标，则无法促使下属成长。可见，设定目标是一项微妙的技术活儿。即便如此，“设定高目标”依然是宗旨所在，因为京瓷坚信，只有这样才能激发员工们的巨大能量。

关于设定高目标，稻盛先生强调“以将来进行时来看待能力”。也就是说，“仅凭现有能力，谁都能判断自己行不行，但这样必然无法开创新事业。对于目前做不到的事情，要抱有‘无论如何都要做成’的决心。唯有如此，才能创造划时代的成果”。

说到阿米巴经营，可能给人的印象是“一味严格追求单位时间核算的结果”，但其实并非如此。与结果相比，其更重视计划的制订。

对此，中村常务介绍道：“在会议中，计划的答疑环节占了非常大的比重。要模拟各种情况，细致计划，并针对可能出现的问题，提前找出对策。假如计划毛糙，则结果也不会好，因此在制订计划时，要‘注入灵魂’。关键要思考周全，想好针对各种情况的各种对策。至于事后的实际结果，其实我们并不过于纠结，做到‘尽人事’就可以了。”

（5）计划的实行

在计划实行阶段，京瓷的宗旨则与大多数日本的制造企业相同，即“重视现场”。京瓷在这方面做得十分彻底，每名管理者都会亲临现场，亲眼确认。

国分工厂的永田龙二副工厂长以“现场百回”为座右铭，每天都在工厂内巡视。在月末的当月生产收尾日，我有机会与他同行，一起在工厂内巡视。当天从早上 6 点开始，大约花了两个半小时，我们走遍了工厂内 3 大厂房的所有楼层，无论是正式工还是临时工，他都会一视同仁地对他们进行慰问:“辛苦了!”“(离完成计划)还差 ×× 万日元，没问题吧?”

永田先生说:“不能光靠电话沟通。必须面对面，感知对方的氛围。‘这个月(完成计划)应该没问题’。在汇报情况时，这样一句话从心理强大的人口中说出来，和从胆怯谨慎的人口中说出来，其意味截然不同。处境严酷的负责人往往很难道出实情，所以要尽早把握客观状况，从而提供支持。”

在参观质检与出货半导体部件的车间现场时，我发现负责人会走到从事作业的员工身旁，不断询问作业进展状况。包括部、科、股一级的负责人都会像这样各自亲临现场确认，因此在结果上等于建立了“多重检验体制”。有时连事业部部长也会来现场巡视。当然，各级别的负责人都会把现场情况层层上报，但京瓷的各管理层已然养成了一种习惯:一旦有在意的事情，就会自己去现场察看和询问。

在工厂里，我还看到负责人亲自推着手推车，把产品和批号卡送往出货间。他们一边参与作业，一边开展各种协调和沟通工作——在办公室和销售部门的人交流，在生产车间视察是否有问题或冲突发生，在出货间查看电脑数据等。像这样，负责人收集掌握时刻变化的信息，并当场做出指示。

当然，这种“现场主义”在日企并不少见。但京瓷的独特之处在于，哪怕在日常作业中，单位时间核算“这杆秤”也落实到了方方面面。

早会、午会和晚会则是培养员工这种意识的场合。生产现场的早会按科、股、班为单位，先后召开。隶属相应单位的全体员工都要参加。至于午会和晚会，则会在必要时召开。

各巴长会一边将截至前一天的总产额、完成率、单位时间额和成品率等业绩与原计划相比较，一边传达给阿米巴成员，并将当下的问题和当天的作业等内容与它们相关联，进而下达指示。巴长有时也会给成员打气，发出“不要输给 × × 科”的号召。

与会员工都会一边记笔记，一边认真聆听。半导体部品二事业部的科一级巴长松下先生感言道：“各种数字当然会以告示的形式张贴在各车间和办公室前方，但仅仅这样还不够。只有自己写下来，才能消化成为自己的东西。”一次午会后，我请一位与会的女员工给我看看她的笔记，发现里面写满了日累计、总累计、接单额、成品率等数字。

换言之，虽然内容相同，但以科、股、班为单位，一次次重复指示。这乍一看似乎是浪费时间，但通过这样的反复强调，每名员工都能真正具备目标意识——“本月要达成该目标，所以必须这么做”。此外，由于临时工的出勤时间有所不同，因此针对他们的早会会晚点儿开，但传达的内容别无二致。即便是临时工，也拥有对接单额和核算等数字的知情权，并被要求在工作中具备核算意识。

通过在早会等场合传达目标数字，所有从事作业的员工都变得对核算十分敏感。“自己现在做的工作一旦完成，能够创造多少利润”，员工对该问题的兴趣逐渐浓厚。其结果是，员工挂在嘴边的不再是“出货了 ×× 件”，而是“出货了 ×× 日元”。换言之，他们在思考问题时，已然把金额作为基准。

在京瓷，关于员工之间确认工作情况的日常对话，除了其他日企也常见的“进展顺利吗”“顺利的”之类外，还有必然会提及的数字——“到目前为止，完成了 ×× 日元”。永田副工厂长在巡视中，叫住一位负责人并问道：“还差 4000 万日元（就完成任务了），对吧？”

结果对方当场回复最新数据："不，还差 3800 万了。"此外，永田先生还对另一位负责人说道："刚才我走到 ×× 人那里，他们部门似乎形势严峻。你们要加把劲儿，补上他们的缺口。"

即便是简单的对话，由于涉及核算数字，因此沟通的内容实际而具体。通过数字，对经营状态了如指掌。如此一来，短促的沟通依然能具备丰富的实用信息，因此能够当场迅速地处理情况。

上司及时下达指示，下属立即照此行动。在我看来，京瓷之所以能如此高效，一是因为"单位时间核算"等数字深入人心，二是因为"亲眼所见"的可视化管理实现了对资材物件流动的及时追踪。这给我的印象是"各项作业与阿米巴核算之间巧妙联动"。

此外，阿米巴之间的交流沟通亦十分重要。"目标必达"是宗旨。如果工段之间沟通不足，导致"生产用原料部件的到位时间会推迟"之类的关键信息未能及时传达，则会导致重大损失。为了杜绝这种情况，相邻的生产工段之间会以小时为单位，频繁联系。不仅如此，为了不给客户造成困扰，生产和销售之间亦会频繁沟通。

阿米巴之间的交流沟通还体现在人员借调时，此时由巴长负责定夺。常有的情况是，某个阿米巴的工作量突然增加，导致人手不足，从而接受其他阿米巴的支援。有时某个阿米巴内具备优秀特种技能的员工会被暂时调到其他阿米巴工作。对“接收方”的阿米巴而言，自然是得了好处。而对“出借方”的阿米巴而言，由于相应的劳动时间由对方负担，自己的单位时间核算业绩也会有所提升。

有时出于某种原因，自己科一级的阿米巴不管怎么努力，都没希望达成既定目标。于是巴长为了“至少不拖整个部的总核算业绩的后腿”，把自己阿米巴的富余人员借给其他科使用，让他们能够发挥应有的作用。这也是积极运用该机制的事例之一。

阿米巴经营过于严苛地追求核算业绩，是否会导致巴长只顾自己阿米巴的创收？这是合情合理的顾虑。但实际情况是，京瓷十分注意日常作业中的管理，避免员工陷入“一叶障目”“自扫门前雪”的误区。前面提到，阿米巴好比是城镇小工坊，因此巴长被要求在企业内建立广泛良好的关系网，并基于具体情况，与最为合适的人展开协作。有的阿米巴甚至会从隶属不同事业总部的阿米巴那里采购资材，这在京瓷里并不算稀奇。

此外，关系网不仅包括开展作业时的协作关系，还起到共享智慧和知识，以及促进学习的组织性作用。通过会议和协商，阿米巴会积极交流各自的成功经验和方法等信息。换言之，京瓷希望一个阿米巴的好经验、好方法能被其他阿米巴“借鉴参照，为我所用”。

（6）结果的反馈

每日的生产额、费用开支、时间等主要项目会在第二天以日报的形式分发至各部门和岗位。通过参看它，便可知日累计值和截至当日的总累计值。巴长亦可用该数字来计算每日的单位时间额。通过回顾每日数值，能够立即找出现场存在的问题，从而便于及时采取措施，亡羊补牢。

生产截止期为月末最后一个工作日的正午。由于各巴长已有到前一天为止的累计值，因此只要在手头资料里算上最终日的数值，就能立刻完成当月的核算估算表。实际上，由于各阿米巴平时就对各指标控制入微，因此估算值的精确度几乎与最终确认值无异。我们在国分工厂参观时，在生产截止期一小时后的午会上，管理层在向全员宣布当月成果时，便直接引用了该估算值。

又过了一小时，这时半导体部品二事业部开始举行部长发起的反省会。出席该反省会的包括生产线、技术、管理、设计、检查、品质等所有方面的科一级相关负责人，以及各科下属股的负责人。

在事业部部长做总结讲话后，各科围绕总生产额、费用开支、时间、特别记载事项以及“当月未能做到的事情”进行汇报。并在此基础上发表对次日开始的新月度目标的预测报告。必要时，发言人还要为事业部部长和其他关联部门或岗位的人进行答疑，展开充实内容的讨论。

对此，京瓷的一位员工点评道：“工作刚忙完，必须趁这种感觉‘还热乎’时进行反省，否则难以落实到位。”可见，不管是午会还是事业部的反省会，关键要在刚出业绩时立刻开展讨论，从而找出接下来的对策，这便是京瓷的理念之一。对于结果的反馈，则面向全员实行。“公司目前状况如何”，京瓷并不把这样的信息只让一部分干部独享，而是告知全体员工，包括临时工。

在新月度的第一个工作日，工厂全体员工都要在主楼前集合，参加全体早会。其间，永田副工厂长会宣布国分工厂所有科的业绩结果，并加以点评——“○○科已经△个月连续达成目标”“○○科的订单量在减少，今后也要严格管理费用开支和时间”……

接着还会发表京瓷集团其他工厂的业绩结果，尤其会引用一向业绩突出的北见工厂等正面典型，从而促使大家借鉴榜样——“我们也要努力，向他们学习！”

通过像这样传达其他部门的业绩和活动，以及其他工厂的情况，全体员工对公司所处状况有了更为深入的了解。同时，此举也意在提升公司内的竞争意识：让员工不只满足于达成自己阿米巴的目标，而是着眼于更高层次的工作水准。

（7）对结果的评价

会议上，反馈的结果会被拿来和年度计划等预计值比较，并对其原因予以彻底追究。阿米巴经营将大量权限下放至巴长，让其能够自由经营。但另一方面，也要求巴长对结果担负所有责任。由于结果公开透明，因此没有借口托词的余地。

居上位者看到自己寄予厚望的部门业绩不佳时，往往会产生“希望掩盖”的心态，从而导致在判断是否应该公布其不佳业绩时举棋不定。有的企业在面对这种情况时，会对这种寄予厚望的“战略产品”的预算管理持宽容态度，或者将其与业绩优秀的产品捆绑管理。但京瓷的大多数干部则不同，他们认为，在进行阿米巴核算时，还是不做任何隐瞒为好。在他们看来，通过明确公示赤字，能让巴长们认识到“该部门亏损，在给整个公司拖后腿”，进而激励后进者改变心态：“这样下去不行，必须努力赶上。”

对此，中村常务说道：“如果（把业绩不佳的产品）与业绩好的产品捆绑在一起，会导致大家看不到哪里在亏损。从成事者应有的态度出发，藏着掖着毕竟是不好的。因此要开诚布公，让相关负责人心生‘背水一战’的气概。而作为‘出资方’的部门也要用人不疑，甘愿出钱。培养这种关系是关键。”

但京瓷并非只重视结果。倘若仅凭数字判断一切，则忽视了阿米巴所接客户及生产设备之间的差异，这并不公平。

鉴于此，京瓷探究的是经营内容，“做了哪些创造性工作”是其看重的地方。比起每月单位时间额稳定保持在 7000 日元的巴长，京瓷更会表扬将单位时间额从 3000、3500 到 4000 日元逐月增加的“努力成长型”巴长。

关于京瓷成功的理由，稻盛先生曾说“大概是因为我不责难失败的员工吧”。他还说：“在我们公司，如果员工在为了公司挑战新事物或新领域的过程中遭遇失败，给公司造成巨大损失，也不会受到惩罚。（中略）因为给予了他们‘失败的自由’，所以他们能不断挑战，并拥有更加努力的勇气。”

在京瓷，当达成年度计划时，会对相应的阿米巴给予奖励。但奖励也就限于奖状、啤酒券和公司自制圆珠笔的程度。换言之，京瓷并不把单位时间核算的结果和奖金等金钱报酬挂钩。

至于理由，稻盛先生曾说道：“员工所属哪个部门和岗位，其具有偶然性。自己所属的部门可能刚好业绩好，也可能刚好业绩差。如果仅因为这点而待遇有别，也太可怜了。所以说，不管是业绩优秀部门的好员工，还是业绩欠佳部门的好员工，都必须一视同仁地对待。”

可见，即便不与金钱报酬挂钩，阿米巴核算依然是一种“快乐的经营游戏”，通过收获成果，员工能得到精神上的满足。

不仅如此，巴长如能不断出成绩，展现其经营能力，就会被不断委以重任；反之，若业绩不佳，则会被换掉。但为了不让“淘汰者”灰心丧气，为了激励他们继续努力，京瓷还建立了类似“失败者复活赛”的机制。总之，京瓷给予员工广阔的舞台，让他们的努力有所回报。

（8）阿米巴经营中的销售部门

销售的职责是充当客户与生产之间的协调人。其必须先于其他竞争对手，获取客户的需求信息，然后让生产部门开工生产。

京瓷 ELCO 株式会社的董事兼销售部长佐佐木武夫先生可谓京瓷销售部门的“老前辈”，早在京瓷创立后不久，他便活跃在京瓷的销售第一线。他说：“必须把自己公司具备的所有力量汇聚起来，在客户面前集中展现。而实现这点的关键角色，便是销售员。”此时需要的是，建立与客户和生产部门之间的信任关系。

关于与客户的信任关系，稻盛先生经常说“我们应该充当客户的仆人”。他还进一步强调道：“经商的原点是获得客户的信任，但其极致是‘必须获得客户的尊敬’。”

京瓷对销售也严格采取单位时间核算制，但倘若销售部门因此一味顾及公司内部情况而怠慢了客户，则会迅速失去客户。因此京瓷将“满足客户”视为销售的第一要务。在销售部门的实际工作中，上司会指导下属，以防他们违背该原则。

按照单位时间核算方式，销售部门的接单价会直接反映至生产部门。不必说，对于核算结果不赢利的订单，生产部门也不会乐于接受。

但如果该产品具有广阔远景，或者有希望提供给其他客户，销售部门就必须说服生产部门。销售部门劝说的筹码是客户信息和市场信息。对此，佐佐木先生指出："要想说服对方，就不能光看在办公桌上计算出的单价，有时即便单价划不来，也要以'将来进行时'来看问题，然后对生产部门说'这个（产品）有前景，眼下接单的确会亏，但我们要做好心理准备，承受几个月的赤字'。敢不敢这么说，是成功与否的关键。"

哪怕仅仅为这一点，销售部门也必须在日常活动中建立与生产部门的信任关系。对于总是被客户压价的销售员，生产部门也不会给予实惠价格，而是干脆一开始就报个高价，这使销售与客户的交涉难上加难。反之，如果销售员的接单价较为理想，则生产部门也会以诚相待，报出实惠价格，这样销售在客户面前就愈发有竞争力。

与生产部门一样，销售部门也要制订年度和月度计划。制订时，按照销售品类和销售对象，分别详细地研究讨论。京瓷要求销售部门将自己的预测和愿景体现在计划中，制定远大目标，即便是尚未签约的客户，也要作为潜在客户计算在内。此外，还需要与生产部门磋商。

销售部门的指标中，最受关注的是销售额。此外，在核算表或者其他资料中体现的"接单量"亦是需要跟进的先行指标之一，通过查看它，能够判断“部门还能养活自己几个月”。

对于费用开支的审视亦十分细致，其也是会议的讨论项目之一。比如某个销售部门的招待费特别高，虽然上司不会一味要求其削减，但相关部门会被要求明确告知“花出去的招待费何时能贡献为销售额”。

对此，佐佐木先生感言道：“纵观其他公司的销售部门，有的也会提交接单计划和销售计划，但像我们京瓷这样连费用开支计划都提交的，可谓少之又少。”在单位时间核算中，包括办公室水电费、每月复印纸消耗数、公司车辆检审时间等细节全都需要，没有这些信息，像样的计划都无法制订。

佐佐木先生还介绍道：“当年设立东北销售处时，因为买复印机太浪费，所以复印都去附近的文具店。后来我们想出个办法：在接受订单时，拜托客户给一式两份。”此外，他还说道：“在决定办公室大小时，也遵循‘适用’规则，太大浪费，太小则每年要搬。这些事情，都由相关负责人自行判断。”

与生产相比，销售部门员工的行动和风格存在较大的个体差异。此外，根据不同客户，其应对方式也有所不同。这样的差异自然会对单位时间核算的数值造成较大影响，因此倘若仅凭单位时间额的绝对值来评价销售员，则是非常不公平的。为了让他们在自己的岗位上尽职尽责地积极开展工作，就需要全面评价他们的活动，包括未在数字中体现的部分。一个销售阿米巴的人数通常不超过 10 人，且以两三人的规模为多。这也是为了“全面评价其工作内容”而花的心思。

销售活动对个人能力的依存度较高。但在进行单位时间额计算时，依然以阿米巴为单位，因此成果并不以个人业绩的形式体现。换言之，即便对销售部门，京瓷仍然重视团队协作。

或许有人认为这种评价方式会挫伤“优秀销售员”的积极性，但它能够将个人成果与团队成果结合在一起评价。该机制蕴含着京瓷战胜竞争对手的关键理念：与其依靠优秀个体的能力，不如强化整个团队，让大家互助互补。

最后再提一下增员。与生产部门的设备投资相同，关于“销售员人数”这样的重大事项，巴长必须自己做出正确判断。假如认为目前人手不够，则可向上级申请增员。此时，也需要引用年度计划中的销售预测、时间、费用开支、单位时间核算等信息和数据，阐明亟须增员的理由。

（9）阿米巴经营中的研发部门

在京瓷，研发由研究总部和各事业总部内的开发团队一起推进。研究总部从事基础研究，事业总部的团队则以“与产品化直接相关的应用型开发”为核心。为了避免混淆，我们将前者称为研究，后者称为开发。研究部门实际上并不采用单位时间核算制，因此我们聚焦开发部门，探究其在阿米巴经营中的管理运作方式。

开发部门专注于解决各事业总部当下的问题，以及与产品化、事业化相关的开发项目。从创立之初起，京瓷的技术实力便在业内受到好评。其接受其他公司做不来的订单，并以颇具竞争力的价格将产品提供给客户。这被视为京瓷发展壮大的重要原因之一。在京瓷，即便是开发部门，也被要求重视时间和费用开支，因此负责开发的阿米巴也采用单位时间核算制。

实际上，开发部门的收入有限，最多是把试作品卖给其他阿米巴，或者向其他阿米巴收取技术专利费之类，因此每月核算的赤字都很严重。即便如此，其依然和生产阿米巴一样，完全没有任何核算方面的支援和优待。

但不同的是，开发阿米巴不会因为单位时间额等数字不好看而被叱责。对于开发，京瓷重视的是“项目何时完成”“何时能为企业的总核算业绩做贡献”。

在会议上，开发阿米巴的汇报重点之一是时间，其将计划与业绩相对照，按照每个项目，汇报所耗费的时间，且当着各生产阿米巴的面汇报。换言之，月度核算值虽然不是重点，但倘若开发阿米巴着手的开发项目迟迟不见起色，其他阿米巴便会予以追究：“究竟要花掉多少开发费用？！”

比如，社长在一堆事业总部的开发负责人面前，对其中一位说道：“你们部门业绩不提高，开发费用倒是花得不少啊。”这句话的潜台词并非“你们应削减费用开支”，而是“你们应快点儿出成果”。

开发负责人站在那些每天拼着命降成本的巴长面前，汇报有赤字的核算表。这使得其不得不对自己部门造成的赤字刻骨铭心，同时也能意识到其他阿米巴对开发的扶助和支持。这些压力能够成为动力，激励开发部门早日完成项目，让发明投产应用。

不仅如此，不少开发成果的实际投产也由开发负责人来担当。这种“责任一体化”使其不敢在开发阶段马马虎虎，否则日后等于“搬起石头砸自己的脚”。通过这种手段，开发项目便能具备明确的赢利前景。

（10）阿米巴经营中的管理部门

管理部门不创造销售额，只产生费用开支和时间，因此属于“非核算阿米巴”。虽说是“非核算”，但其每月的计划和业绩依然会被拿来比较，过多花费支出的部分也会被严格审查。此外，根据公司内的禀议请示制度，哪怕是采购桌子和书籍之类的东西，也必须一一提出申请。在京瓷创立初期，甚至还有“打私人电话的话费要自己掏”“自己用的算盘和制图工具要自己买”之类的规定。

整个公司都在彻底实行精简费用开支的活动，不仅是工厂，其他部门的员工也极度节约、能省则省，大家群策群力，哪怕多省 1 日元也好。这样一来，管理部门的人自然能意识到“自己被其他部门养活着”。此外，在核算的计算方式中，间接部门耗费的时间和费用开支的确被摊到其他“核算阿米巴”的头上，因此“被养活”也是事实。

京瓷 KCCS 的森田直行社长回忆道，当年他任职管理部门时，核算阿米巴的人对他说“你们都靠我养”。一开始，这让他十分生气，但最后他想通了，便淡定地回应道：“十分感谢。多亏各位同人，我才能拿工资生活。”不过面对核算业绩不佳的阿米巴，他也会笑着调侃道：“你们还没能力养我，要加油啊。”

生产部门所耗费的费用开支和时间，原则上根据“谁受益谁承担”的原则，对应分摊给各作业流水线。如在前文中反复强调的那样，作业流水线的核算管理十分严格。因此，一旦被分摊的费用或时间增加，作业流水线就会“反应敏感”，且要求对方解释。此外，假如获得的服务与分摊的费用不符，作业流水线会不满和抱怨。有的企业以预算框架来管理间接部门的费用开支和服务内容，而京瓷的该机制更为有效，能够强有力地牵制管理部门。

不仅如此，一旦作业流水线由于分摊的费用和时间而导致核算业绩不佳，未能完成既定目标，则管理部门也会感到过意不去，从而审视自身的工作方式是否存在问题，是否存在浪费现象等。这等于促使了管理部门严格进行自我审查。

为了进一步提升管理部门的核算意识，京瓷也有“将非核算阿米巴转型为核算阿米巴”的办法。当然，有的部门可行，有的部门则不适合。比如像出货部门这种提供服务的部门，就能够成为核算阿米巴。

在京瓷，物流管理之前属于经管部门的权限范围，后来其分离出去，成了物流事业部。对此，滋贺工厂物流科负责人水谷敏之先生介绍道：“（和分离前）完全不一样，一开始的核算业绩根本没法看。但干着干着，的确有了起色。”他还说：“大家不再惧怕变化，变得乐于挑战了。之前对于新事物和新情况总是裹足不前，要干也是被逼的。可如今大不同，各负责人一边查看核算表，一边积极发挥着主观能动性。”

向核算部门的转型成功也体现在“改良提案”的数量上。与“非核算阿米巴时期”相比，滋贺物流中心的“改良提案”数量大增，削减费用和时间的活动也在积极推进。比如，在入职没几年的一位年轻负责人的提案下，物流中心更改了捆包用瓦楞纸箱的形状，使运费、纸箱成本和缓冲材料成本得以大幅减少。此外，更有“卸掉自动仓库的传送带控制传感器”这种划时代的大胆创意，使作业效率得以提升。于是，连原本属于“非核算阿米巴”的物流部门，也确立了能够赚钱赢利的体制。

第 7 节　阿米巴组织

（1）阿米巴的拆分与合并

“组织灵活性”是阿米巴经营的重要特征之一。对于阿米巴，不少人可能会有“自然划分出的小组织”之类的印象。“小规模的经营组织”这一点并没错，但其并非“自然划分”。

这里的关键是巴长的意愿——“想开展何种经营”。当巴长希望改良某种产品，或提升某种生产技法和工艺，就会将相应部分单独分出来看。即便经营同一个生产阿米巴，有的巴长可能会按照工段，将其进一步拆分为 3 个阿米巴；有的巴长可能会按照品类，将其进一步拆分为 2 个阿米巴；有的巴长可能会到此为止，不再拆分。拆分方式反映了巴长自身的经营理念和水平。

一般来说，如果通过观察现存组织已无法全面把握其经营状况，那么就需要拆分阿米巴了。京瓷的中村升常务曾经统管川内工厂的纤维机械部件生产部门。该生产部门有 4 种部件成形工艺方法——注入、挤压、切削、冲压。以前，它们被归为一个“成形阿米巴”，但这样就无法确认哪个工艺方法的核算业绩有所提升。于是他将其拆分为 4 个阿米巴。

对此，中村先生介绍道：“拆分后，差距立现。最赚钱的是冲压，然后是挤压、切削，最后是注入。在那之前，由于注入是最新的技术，大家都以为它最赚钱，结果却大相径庭。”

通过拆分，核算情况变得一清二楚。中村先生说道：“当时有个风潮，觉得什么都用注入工艺更好。但在认清现实后，能用冲压工艺的，我们就尽量用冲压了。”不仅如此，通过对注入工艺的审视，他们发现其不赚钱的原因在于金属模具和树脂材料的成本高，以及大量的作业工时等。于是他们针对问题“各个击破”，最终将注入工艺的核算业绩改善至正常水平。换言之，通过将既有的阿米巴一拆为四，发现了如何经营好它们的方式方法，并为实施有针对性的细致对策提供了条件。

有时，巴长虽然对经营状态了如指掌，但却无法了解下属们的心态和想法。这种情况下，也会考虑通过拆分阿米巴来提升组织活性。对此，中村先生介绍道：“比如出了新产品，如果同时生产新产品和原有的老产品，员工就会在不知不觉间喜新厌旧，把心思都放在新产品上。这样一来，好不容易由老产品打下的基础就会在瞬间崩塌。为了避免这种情况，就该把阿米巴按照新产品和老产品拆分开，让它们并行发展。”

京瓷的产品线中，有的产品从当年创业起，一直生产至今，因为其依然在创造高销售额和利润。对此，中村先生介绍道：“一般来说，一直在生产老产品的员工会觉得自己的岗位‘过时’‘不太有价值’，但事实并非如此。（中略）即便老产品的市场价一路走低，只要改进工艺和效率，依然能够创造不错的业绩。因此在京瓷，这样的部门和员工非常自豪，知道自己在‘开展了不起的经营活动’。这便是他们的存在理由，也是他们自信与自豪的源泉。而实现这一切的，正是阿米巴经营。”

还有一种拆分阿米巴的原因，那便是“巴长的经营能力出现问题”。如果阿米巴业绩不振，或者与客户沟通恶化，则被视为巴长的经营出现了问题。但上级认定需要换巴长时，倘若没有合适的交接人选，就会将既有阿米巴拆分，让数名巴长分别管理。有时不换掉既有巴长，而是缩小其责任范围，一部分职能交由其他人负责。

对阿米巴的优化处理并非只有拆分，对于无甚前景的阿米巴，其优化目标在于“减少分散所带来的管理成本，提高核算业绩”，因此没有拆分的必要。不仅如此，当上级做出“合并为好”的判断时，阿米巴便会被合并。

半导体封装方法的主流已从玻璃密封的“Cerdip 工艺”向堆叠多张印刷电路陶瓷层的“多层印刷工艺”转移。鉴于此，京瓷将原本两个工厂的 Cerdip 生产线集中于一处。京瓷并不把前景不佳的部门视为“弃子”，而是要求它们一边整合，一边削减成本、减少浪费。此外，如果某个阿米巴的业绩停滞不前，或者士气低下，京瓷便会将其并入其他优秀巴长的麾下，待其恢复活力后，有时也会将其再次拆分出去。

稻盛先生在其著作《提升心性　拓展经营》中阐述道：“在经营企业时，我没有‘组织必须这样，必须那样’的固化思维。（中略）在我看来，组织的存在意义在于‘让企业能存活于当下，能高效率运作’。基于此，在建立组织时，我贯彻‘按需原则’，并配置能够发挥相应作用的最少人员。”

无论理由为何，一旦判断“当下的组织行不通”，京瓷便会立即对其进行拆分或合并，抑或替换巴长。KCCS 的森田直行社长说道：“比如 8 月份某个阿米巴业绩不佳，于是我打算从10月起对其进行组织改造，然后我去向稻盛会长报告，告诉他‘我想改造这个组织，计划从10月开始起用新体制’，结果他肯定会勃然大怒道：‘既然已经业绩不佳，为何不现在就着手改造？！干吗要等到10月？既然8月业绩不好，9月起就要起用新体制！’”换言之，“必须建立能‘立即投入战斗’的机制，否则会败给竞争对手”，这样的思维方式是京瓷的核心理念之一。

在京瓷创立伊始，其组织变更真可谓随机应变，甚至有过“早上成立的阿米巴在当天晚上解散”的情况。即便是现在，科一级阿米巴拆分、合并及替换巴长的情况亦很频繁，平均每月有30次左右。至于下面股和班一级阿米巴的这种组织变更，则多到谁都记不清了。事业总部一级阿米巴的变更亦频繁，没有连续两年保持同一经营体制的先例，有时甚至会突然把一个事业总部一拆为二。

在京瓷，对于“为何要拆分或合并阿米巴”的问题，整个公司的全体员工皆具备共同的基本意识，因此对这种组织变更并无抗拒感。此外，由于这种变更在京瓷内极为稀松平常，因此大家也已习惯——如果变更后的组织比之前的易于运作，采用新体制也是理所当然。当相关负责人要拆分阿米巴时，管理部门无权叫停。京瓷经管部门的员工异口同声地说，“我们只是提供服务的幕后人员而已”。此外，为了应对如此频繁的组织变更，其管理系统自身亦具备可塑性和灵活性。

（2）新项目的启动

上面阐述了阿米巴的拆分与合并，接下来说一下新项目从立项到投入运营的流程。

以专业生产精制陶瓷起家的京瓷，如今其业务广泛多样，包括电子部件、半导体部件、照相机等光学器材、打印机等办公设备、手机等通信工具。此外，其集团内还拥有 DDI 和 TAITO 会社，因此在电信和娱乐领域亦占有一席之地。从组织的视点出发，这种业务扩张亦是阿米巴诞生与拆分的历史。

在京瓷，研究总部从事基础研究，应用类开发工作则由各事业部的开发部门负责。若是属于既有业务拓展领域的项目，则由事业部内的开发部门进行讨论，定下目标后，便开始着手量产。以光纤连接器这种光通信部件为例，其诞生于滋贺工厂的精密加工开发部门，之后由北见工厂将该项目启动生产。

而在研究总部的研究项目中，有的暂时由关联性较强的开发部门接手，待项目成熟后使其独立；有的则绕过开发部门，直接投入生产线。像用于生产半导体制品的底层基板（substrate）的新工艺便属于前者，而用于传真机和打印机的热敏头便属于后者。

不要求研究总部实行核算制，但一旦项目归入事业部内的开发部门，便成为单位时间核算的对象。

前面也介绍过，核算数字本身不是纠结的问题，在每次会议上会被质问的是“项目何时能为公司创收”。光纤连接器和底层基板便是典型。它们起初连年赤字，相关负责人承受巨大压力，但凭借部门员工“背水一战”的拼搏精神，之后二者皆发展为规模巨大的业务，成立了独立部门。

在京瓷，新项目负责人一般会全程负责，从研究启动直至投入运营。热敏头便是典型，起初是因为一家知名的电机精密仪器生产商找到京瓷，委托其生产该部件，于是该项目启动。一开始负责该项目的就只有综合研究所的 3 名员工，他们自己焊接，总算做出了试作品，并且还出货了。后来，由于订单逐渐增加，研究所的小规模产量已无法满足客户的需求。于是在充分预测的前提下，热敏头终于要开始在生产线上大量投产。那最初的 3 名员工成为巴长，筹措所需设备和人员。后来随着业务规模的扩大，该组织又被细分为采购阿米巴、外订阿米巴以及各生产工段阿米巴。

设备计划也好，将来构想也好，往往也由研究阶段的项目负责人推进。换言之，开发负责人将来必须带领阿米巴，提升核算业绩。鉴于此，早在研究阶段，负责人便会考虑到量产阶段的成本等细节。

“如何管理从研究直至投入运营的整个流程”，这是京瓷对巴长提出的能力要求中的关键点。即便是基础类研究，将来也有以某种形式投产运营的希望。一位京瓷的员工感言道：“如果让研究所独立自由地选择项目课题，则往往会陷入‘无所欲为’或‘以个人兴趣出发’的误区，无法为企业的创收做贡献。”可见，研究和开发的负责人要想了解市场动向，就必须与销售和生产部门加强沟通。

在这种情况下，“事事等待上司指示”则会导致行动迟缓，因此应自动自觉地与相关部门接触，从而获取有用的信息和资源。这并不限于研究开发部门，其他部门也应具备这样的意识和素养。

第 8 节　组织结构

（1）分权化

基于调查结果，我们对其组织结构进行了探讨。与其他各种分权化组织相比，阿米巴组织具有怎样的特征呢？让我们先来分析它与事业部制及公司制的不同之处。

在事业部制中，事业部是主要对 P/L（损益表）负责的利润中心，但其能够定夺的投资额较低。鉴于这种“权限移交不足”的缺点，公司制一度成为受人瞩目的选择。在该制度中，作为投资中心的公司拥有公司资本金，被赋予管理 P/L 和 B/S（资产负债表）的权力，有的甚至还拥有人事任免权。与这种大幅度移交权限的公司制相比，阿米巴被赋予的权限只有 P/L 中与“单位时间核算”相对应的部分。阿米巴没有能自由支配的资本，若想投资，唯有请示上级。从这点来看，阿米巴经营的分权化程度似乎较低。

但值得关注的是其分权化制度的覆盖范围。不管是事业部制还是公司制，它们分权化后的权力下放对象只限于事业部部长和公司负责人等经营层干部。至于他们管辖下的组织，不过是成本中心或收入中心而已。与之相对，在阿米巴经营中，即便是只有生产功能的基层单位，也依然会被视为利润中心（参照图 3-5）。其结果自然是在企业内产生了数量繁多的小型利润中心。根据 Cooper 的调查，其数量约为 800 个；而根据我们的采访调查，得知目前其数量约为 1200 个，其他分权型组织的数量完全无法与之匹敌。像这样让基层组织单位担负赢利责任的经营系统，可谓独此一家。所以说，乍一看阿米巴经营似乎是分权化的倒退，但它其实增加了分权化组织的数量，并将分权化扩展至基层，这无疑是对分权的强化。

至于为何将 B/S 从巴长的管理责任范畴中剔除，是基于稻盛先生的经营观，让缺乏经验的年轻巴长亦能够管理组织，培养经营意识，因此故意让巴长的管理范围实现精简化和单纯化。单位时间核算如同家庭收支记账簿一般简单明了，能让巴长明确认识到阿米巴是赢利还

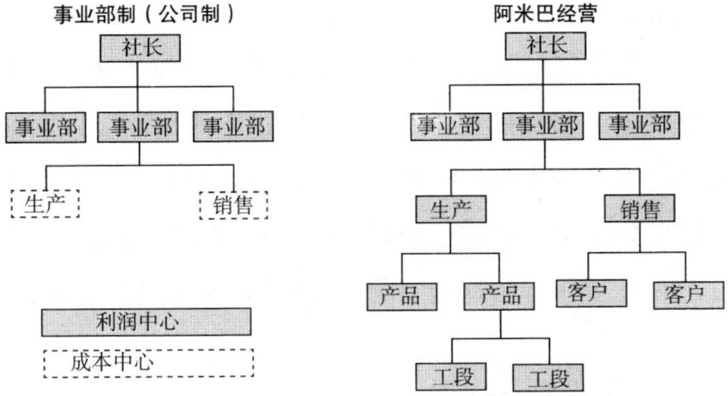

图 3–5　事业部制（公司制）与阿米巴经营的比较

是亏损。而且基层阿米巴规模极小，因此巴长在管理时能够兼顾每个角落和细节。换言之，能实时观察到所有发生的情况，一旦出现问题，也能够与员工直接对话解决，因此无需高度复杂的管理系统。

而且组织形态灵活可塑，一旦发现某个巴长无法担负起被赋予的经营任务，也能迅速缩小其责任范围，或者将该阿米巴并入其他能力较强的巴长麾下，从而适当减轻当事者的负担。从这点也能看出阿米巴经营与事业部制和公司制的显著区别——后两者的前提是将权限赋予“拥有充分管理经验和知识的人才”；而前者则在各方面考虑得细致入微，为的是让大多数普通人也能担起经营组织的责任。

以上分析的意义在于，在探讨组织分权化时，倘若只着眼于“移交的权限大小”，则过于浅薄。应该同时从“具体对谁（哪个阶层）实施怎样的分权化”的角度来定义分权化，并详细分析组织结构的实际形态（参照图 3–6）。要想弄清这些问题，阿米巴经营可谓最佳模式。

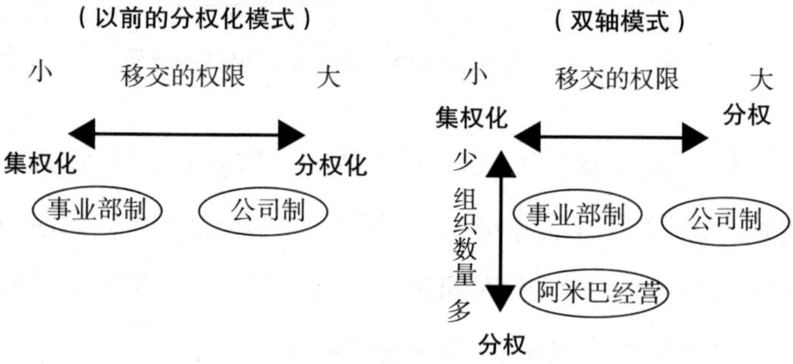

图 3–6　两种分权化模式

接下来将阿米巴经营与扁平型组织进行比较。前面已经介绍了阿米巴经营的若干特征，包括组织灵活性（既能将生产线按照用到的设备划分，也能按照产品的品类划分）、组织自身的可塑性（可以对管理的阿米巴进行拆分）、组织规模的微小性（为了让经验尚浅的员工也能胜任巴长，可以以很小的组织规模起步）。但从组织阶层的角度看，阿米巴经营的这些特征却助长了阶层的增加。而实际亦如此——阿米巴经营的阶层依次是事业总部—事业部—部—科—股—班，绝对不算少。其结果导致阿米巴经营的组织并非横向扩展的扁平型，而是更接近纵向延伸的金字塔形。

那么与扁平型组织相比，阿米巴经营在“现场决策的及时性”“激活基层积极性”等方面，是否存在劣势呢？对此，阿米巴经营凭借与扁平型组织不同的方式，实现了相同的目标。阿米巴经营虽然阶层较多，但对基层大幅放权，同时让上司充当顾问的角色。倘若各阿米巴严守管理范围，凡有决策皆逐级请示汇报，则较多的阶层势必会拖慢决策拍板和实施的进度。但事实并非如此——京瓷内部拥有纵横无尽的关系网，即便是组织关系图上没有交集的阿米巴，彼此间亦能自由交换信息（参照图 3-7）。

谈及阿米巴组织的细分，可能会对其组织形态抱有“各单元之间壁垒重重，影响交流沟通”之类的错误印象。事实上由于每个阿米巴担负着较大的赢利责任，因此巴长会积极采取最为合适的行动。换言之，如果因为沟通不足而导致阿米巴的核算业绩恶化，则责任皆在巴长。因此巴长们不会干等上级组织的判断和指示，而是基于需求，积极地与同级阿米巴进行沟通，从而迅速做出经营判断。

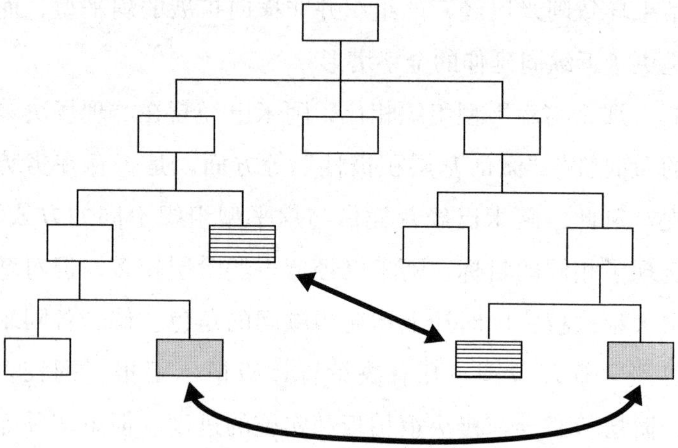

图 3–7　阿米巴之间的沟通

不仅如此，阿米巴之间的买卖交涉亦有交换信息的作用。各独立的利润中心要想在“障壁”中进行内部交易，巴长们就要通过共享重要信息来避免“相互猜疑”所导致的效率低下。这乍一看似乎费时费力，但其使得“企业内部市场”的各种交换行为变得切实、透明和高效，这不仅包括资材和服务，还包括信息和情报，从而激活了交流沟通的行为。由此可见，阿米巴经营虽然与扁平型组织结构相异，但其亦实现了 Galbraith（1993）所提出的“非正式的、自发的，且由内而外的流程”。

让我们再将其与“新分权化组织的代表”——团队型组织进行比较。从形式上来说，阿米巴组织并非为了特定目标或任务而结成的临时性组织，也并非像 QC 小组那种从属性的活动组织，而是正式化的组织。但与此同时，其虽为正式组织，却又能根据环境变化而进行拆分或合并，从而确保了类似团队型组织的机动性。

倘若采用普通的“非正式团队制”，虽然组织可能会变得反应迅速、机动灵活，但也存在由于管理不到位而导致难以统合、各自为政的风险。我们未能实际考察采用“自我管理团队制”的其他企业，因此只能采取类推的方式，但我们依然认为，企业内的“自我管理团队”很难相互协调、团结一心地达成企业整体目标。同样，一些公司采用的“模拟风投企业制”则是对团队制“统合性下降”缺陷的逆向利用，从而将特定团队从传统大企业的桎梏和束缚中解放出来。因此其理念是“个体优先于全体”，为了激发相关负责人的企业家精神，让其能够自由定夺地开展经营。

与之相对，阿米巴经营的主旨并非“将个别组织从整体的桎梏中解放出来”。阿米巴虽然被要求“开展独立性活动”，但其定位归根结底是“公司全体的一分子”。如果巴长做出“只管自己阿米巴利益”的自私举动，就会在会议等场合遭到批评训诫。阿米巴经营虽然也旨在培养巴长的企业家精神，但并无“个体优先于全体”的理念。这也体现在阿米巴“没有资本金，投资需请示”的典型特征上。可见，其与“模拟风投企业制”截然不同。

换言之，阿米巴经营克服了“要敏捷灵活就难以统合，要统合就难以敏捷灵活”这种非此即彼的取舍关系，兼具了两方面的优势，可谓极为独特的组织形态。反过来说，或许因为京瓷拥有这种具备高度灵活性的正式组织，因此无须再采用基于非正式组织的团队制。

至此，我们以分权化为切入点，分析了其组织结构，但从中亦可见，在阿米巴经营的分权化思维的底层，“培养人才”的意识十分浓厚。纵观传统经营学，从未有过一种模式，能将“下放经营权并培养管理人员”作为组织结构的决定要素，并如此积极地关注和推进。而京瓷却做到了，其组织结构不但能根据巴长的能力来灵活调整其责任范围，还充分着力于对巴长的培养。而其也的确发挥了效果，成为优秀的分权化机制。其他企业今后在设计自身的组织结构时，京瓷的成功经验或许能起到参考作用。

不仅如此，该组织结构还内置了人才选拔功能。通过实施分权化，让巴长充当企业经营者的角色，积累相关经验。这使得每名巴长的经营能力展现得一清二楚。于是，对于优秀的巴长，便让其负责规模更大的组织，开展更具难度的经营。“提拔优秀人才”这一点似乎与其他企业无异，但京瓷的频度要高得多——大约平均每10人中就有1人能获得提拔。让如此多的员工有机会体验“当社长”的感觉，并在会计方面实现了对各种结果的可视化管理，真可谓与众不同的管理手法。关于“人才选拔”这个切入点，在第1、2章回顾既有文献时，我们未能察觉它。但至此我们明白，要想理解阿米巴经营中的“分权化”，它可谓不可或缺。

（2）独立核算化

有关独立核算化论点有二个。一是“如何将组织转变为采取独立核算的利润中心”。像兼具产销功能的事业部制，其利润计算就较为简单，即“销售额－费用开支＝利润”。但阿米巴组织则不同，生产阿米巴按照工段或生产品类划分，销售阿米巴则按照负责区域或客户等划分。一般来说，其能够合计的要么只有费用开支，要么只有销售额，无法算出其利润，因此只能被视为成本中心或收入中心。[①]

即便如此，京瓷却把阿米巴视为利润中心。这反映了稻盛先生“利润由生产部门创造”的经营观。以生产阿米巴为例，其并不把各种“生产途中的资材和半成品”视为成本，而是将它们摊到卖价里。大多数企业将标准成本与实际成本的差额作为该部门的利润，可见在计算利润时，围绕“利润依据”的问题，京瓷与它们截然不同。不仅如此，京瓷内部数量众多的阿米巴在定价时，原则上都会开展交涉。其间，不仅是价格，诸如交货期和品质等各方面条件都会被考虑在内。

这与事业部制中较为常见的方式完全不同。在事业部制中，通常由中央决策层敲定内部交易价，相关部门则机械地服从并沿用；或者在内部结算价的基础上加上一定的利润。而与这些方式相比，阿米巴对于利润的“现实感”，则完全高出了一个层次。自己的产出物如果无人买，就无法创造利润。换言之，在阿米巴经营中，阿米巴必须真正把其他阿米巴视为“企业内客户”。随

① 一般来说，销售部门不但可以计算其销售额，也可以合计其销售成本，但由于无法合计其与生产环节相关的成本，因此其实质上亦被视为收入中心。

着这种交涉行为在阿米巴之间不断发生，即便是不与市场存在直接交集的阿米巴，亦能感知市场动向。包括上游工段在内，这种机制使得所有阿米巴都能感知市场。

不仅如此，买卖双方皆有否决权，万一谈不拢，可与公司内的其他阿米巴交易，甚至与外部企业交易。阿米巴原本是模拟城镇小工坊、小商铺的经营单位，而其买卖和利润计算方式又与独立企业非常相似。换言之，对阿米巴而言，自己的业务一不享受垄断，二不拥有保障，如有不慎或懈怠，搞不好会在转眼间被淘汰，因此时刻保持着紧张感。这使得阿米巴被直接置于与外部市场连通的竞争环境之下。于是无数的阿米巴皆培养了“自己养活自己”的自立意识。而从总体上看，这也自然使整个公司的赢利意识得以提升。

但要注意的是，阿米巴经营独特的单位时间核算有别于普通小团队活动中的“成果额”等，后者的目的是激发团队成员的干劲和热情，属于“充门面”或“架空”的数字。而单位时间核算则不同，将各阿米巴的单位时间核算值进行合计，得到的便是整个公司的损益值，可谓反映实际情况的真实数字。而且单位时间核算值对所有员工公示，通过审视它，便可清楚得知哪些阿米巴在为公司的利润添砖加瓦，哪些阿米巴在拖公司的后腿。

由此可见，该机制也是各阿米巴的“增压器”，促使它们创收创利。

但倘若在细分阿米巴组织的基础上，进一步彻底实施独立核算经营制，每个阿米巴恐怕就会变得自私自利，从而增加公司内的矛盾冲突，最终损害企业整体利益。而京瓷则通过单位时间核算实现了公司内的公开透明，高层也好，上司也好，都能监控阿米巴是否存在自私自利的行为，从而杜绝了令人担忧的矛盾冲突。这涉及控制模型的概念，具体会在本章第 10 节详细阐述。

有关独立核算化的论点之二是“相互依存性”。阿米巴的组织规模极小，不具备能够独立决策的资源。可见，既然阿米巴的独立性不高，它们之间的相互依存性必然提升。于是会出现一系列令人担忧的推测——上司对阿米巴之间的协调工作量是否会增加？是否会因此导致阿米巴业绩中“无法自主管理的部分”增多？在评价阿米巴业绩时是否很难剔除该部分？随着组织数量的增多，剔除该部分的作业是否会变得愈发纷繁复杂？是否会导致正确评价阿米巴业绩的难度不断增加？结果是否会导致业绩评价缺乏客观性，进而增加阿米巴之间的矛盾冲突？……

但根据我们的调查结果，对于核算表上的数字，京瓷并不特别去剔除所谓“无法自主管理的部分”。究其原因，是因为阿米巴经营对各阿米巴赋予了较大权限，而为了弥补“独立性较低”这一缺点而采取的“阿米巴之间的协调行为”，亦被视为各阿米巴的责任范畴。既然阿米巴之间可以自主协调，其当然也被算在“可自主管理的部分”，因此也不需要在评价业绩时剔除。

此外，在阐述分权化时也提到过，组织被细分为大量阿米巴后，似乎每个阿米巴都有一道组织的“壁垒”，从而可能导致沟通不畅，但实际并非如此。由于京瓷会严格评估每个阿米巴的核算结果，因此每个阿米巴都会采取最高效的行动。阿米巴经营中具有代表性的高效行动之一，便是“阿米巴之间通过紧密沟通，消除矛盾冲突”。如上所述，既然京瓷将基于相互依存的协调工作视为各阿米巴的责任范畴，自然它们就力图通过频繁交换信息来提升利益。

对此，谷（1999）阐述道：“纵观阿米巴经营理论，其按照生产部门的工段或者销售部门的负责品类来划分阿米巴，似乎使个体的阿米巴只负责经营活动中的一部分。但其将‘经营权力’下放至阿米巴，并将阿米巴基于相互依存的彼此协调视为它们之间的交易活动。这可谓一种思维的转换。”他还指出：“即便只是负责一小部分经营活动的生产工段，阿米巴经营依然视其为完整的‘城镇小工坊’。”

还有特别重要的一点，阿米巴在买卖产出物时，主要通过巴长之间的交涉来定价，使价格为双方所接受。这样的卖价势必能够恰当地反映诸如交货期、品质等各种条件。换言之，通过发挥价格的自动调整机制，不必劳烦上司出面协调，阿米巴双方亦能定下彼此接受的价格。而且由于买卖双方皆有否决权，因此市场化价格机制得以彻底实施。对于卖方而言，价格一旦敲定，便只能接受相应的利润。这一点也如实模拟了城镇小工坊的情况。这么想来，现实世界中的小工坊在与客户发生矛盾时，或者因采购零部件出错而蒙受损失时，其经营负责人只能接受现实。推卸责任也好，借口脱责也罢，都是行不通的。阿米巴经营则把这种“经商的残酷性”引入了企业制度中，而且其实施对象并非诸如事业部那种独立性极高的大型组织，而是从数人至数十人规模的小组织，这可谓阿米巴经营的独特之处。

再回过头来说 Cooper 的论点，关于阿米巴之间消除矛盾冲突的方式，Cooper（1995）指出，通过阿米巴经营的企业理念和利润中心之间的紧密沟通，便能够克服该问题。该观点自身并没错。但本质在于阿米巴之间的协调工作亦是巴长的职责所在，这导致他们必须采取合理的行动，其结果正是“维持彼此间紧密的沟通”。而对于该本质，其并未触及。[1]

① 即便如此，如本章第 10 节所述，他所指出的“企业理念在消除矛盾冲突时发挥着作用”的观点，是正确的。

第 9 节　管理者行为分析

（1）巴长的能动激活与信息传达

接下来分析管理者的行为。在第 2 章中提到，参与经营具有多种意义。按照以行为科学为核心的传统理论，参与的前提是达成计划的压力。而作为缓解压力的对策，“下属参与经营”的方式便获得了关注。通过让下属参与设定目标的流程，使其将目标视为自己的成果并接受，从而激励其努力达成。但要注意的是，有的企业只是让下属“形式上参与”，为的是让他们在最终计划书上签字，从而封死他们事后托词的借口。这种情况下，下属并不被赋予充分提出意见的机会。至于参与经营中的“信息传达”功能，包括“参与者向下级传达上级方针”，以及“参与者向上级汇报基层信息”两方面。以它们为切入点，对巴长的行为进行分析，可得如下结论。

正如稻盛先生所强调的“以将来进行时来看待能力”，阿米巴经营中的单位时间核算目标往往设定在较高的水平，高得超过当下的能力。而且构成核算要素之一的销售额取决于和其他阿米巴之间的买卖价格。倘若定价不当，则生意会被提供更低价资材或服务的公司内外竞争对手抢走，因此不敢随意定价。鉴于此，要想确保利润，便只能着眼于另一大要素——费用开支，针对其设定严格的削减目标。对于达成目标的任务，巴长承受着相当大的压力。

在阿米巴经营中，巴长参与经营的方式并非单纯的“提出意见”或“在计划会议上表态同意”之类的形式化内容。而是基于巴长“经营者”的角色，为了“自己养活自己”而制订年度和月度计划，并自主判断是否需要投资。由于核算结果公开，倘若自己阿米巴的业绩不佳，且迟迟未能改善，则可能会被其他阿米巴兼并。这促使巴长们不得不认真地开展经营活动，从而使目标真正实现了“落地”。

而达成目标时的成就感无疑尤为甘甜。京瓷将巴长置于“经营者”的位置，其目的在于给予他们实现自我的机会，并有力激励他们。再加上阿米巴是一层层的“套娃结构”，让下属参与经营的激励行为会以连锁的形式逐次向下传递。换言之，一名巴长被上司激励，转而又会去激励下属。

接下来从信息传达方面分析可知，不仅在年度和月度例会，即便在日常的早会中，深入基层，面对面地紧密沟通也在进行之中。前面介绍过，早会按照科、股、班的单位，依次召开，这使得高层和上司的指示和信息能够通过中级阿米巴，逐级下达至基层阿米巴，既彻底又到位。

而自下而上的信息流动亦值得关注。巴长也发挥着"向上级提供信息"的作用。换言之，巴长会按照高层或上司的要求，使用"单位时间核算"这种共通语言，及时且正确地提供基层现场的动向。且由于组织透明，因此上司能够迅速发现问题所在，并做出正确决策。

（2）战略·改革方针活动及放权

要想理解巴长的行为，就需要基于更具综合性的视角来进行分析。金井（1991）指出，中层管理者的行为包括基本活动和战略·改革方针活动。上述能动激活与信息传达属于基本活动。与它们相比，体现阿米巴经营本质的反而是现场组织为了应对各种情况而自发的独立行动，即战略·改革方针活动。

稻盛先生说“我希望在京瓷内部培养企业家”。基于该主旨，他在企业内设立无数个独立核算的小组织（阿米巴），每个组织的成员数平均只有10人左右，并让巴长们负责经营活动。这使得市场机制深入企业内部方方面面，各阿米巴被暴露在竞争环境下，包括与外部企业的竞争。阿米巴不具备充分的资源，因此稻盛先生期待各巴长在有限的条件下绞尽脑汁，发挥出“火灾现场的爆发力”。

而当阿米巴没有足够能力与公司内外的竞争对手开展竞争时，便会灵活运用各种关系网，来填补自身的“能力缺口”。比如与其他阿米巴洽谈，讨论出能够使双方受益的结果，建立双赢的合作关系。在京瓷，包括这种谈判技巧和手段，皆属于巴长的责任范畴。

开发部门负责人的活动内容可谓战略·改革方针活动的典型。与其他企业的开发者不同，在京瓷，他们并非“开发完就了事”，还要负责后续流程，直至投产商用。换言之，对于自己提出的点子，他们必须负责到底，参与执行，直到其最后开花结果，投产商用。开发者们并非一味拜托企业高层或战略部门制定战略，而是自己创造战略，并不断革新。

由此可见，仅凭能动激活和信息传达之类的基本活动，并不能理解阿米巴经营中的管理者（巴长）行为。他们既非单纯履行上级既定战略的执行者，也非将现场信息机械地传达给上级的传话筒。京瓷对巴长的定位更具主观能动性，他们更像是开展革新活动的企业家，或是企业的智库。其背后是阿米巴经营对人的认识——“人具备自己和周围人都未尝发觉的潜力”。换言之，他们不仅限于“有令执行”，而是主动思考，自发行动。为了激发他们的这种潜力，京瓷不惜提拔经验不足的年轻员工，让他们成为“一城之主”，给予他们经营组织的机会。

这种参与经营的方式，其实正是放权的典型。所谓放权，不只是赋予权限，而是将“如何激励管理者”视为重点，阿米巴经营的理念与之相同。据中村常务回忆，当年他刚入职京瓷，就担起了经营阿米巴的责任，当时只有两名下属，但通过高层对他的激励，他认识到“自己的阿米巴，必须由自己想办法守护，并使其发展壮大”。早在“放权化”（Empowerment）这个词开始流行之前，京瓷的阿米巴经营便拥有了这种理念。

（3）建立信任的行为

对于放权化，Argyris（1998）指出，给予下级自治权，就等于上级丧失了管理权。而不少企业家并不希望这一幕出现，因此放权化很难充分实施，其适用范围也不得不有所限定。其结果导致自上而下的管理模式依旧存在，因此下级也并不认为真正实现了放权化，从而导致他们的执行力低下。

与之相对，阿米巴经营中的放权化并不存在上下级围绕控制权的争斗现象。究其原因，似乎是由于上下级彼此协作，巧妙地实现了角色互补。在彻底实现权限移交的阿米巴经营中，对于下级做出的决定，原则上要予以充分尊重。这样的思维方式在京瓷已深入人心。

关于上级向下级传达信息的环节，前面已经做了阐述，此处再进一步进行分析。上司向下属传达的并非“应该遵循的单纯方针”，而是促使下属转变思维的建议。比如，上司即便发现下属由于太过短视而造成了明显的疏漏，也不会单方面下达命令，而是将下属视为“阿米巴经营者”予以尊重，并以“顾问”或者说“教练”的立场，提出建议，旨在点化。与此同时，为了防患于未然，避免下属误入歧途，上司还担负着传达价值观（对企业而言，何谓重要）和判断基准（如何做出正确决定）的职责。

至于自下而上的信息流动，其主旨的确是将重要信息传达给上级，但并非把所见所闻机械地向上汇报。在阿米巴经营中，不仅是高层和上级，哪怕是下级巴长，也要在各自的责任范围内制定战略。因此自下而上的信息流动也包括这种基于战略的目标报告。通过获得与月度和日度目标相关的成果报告，上级便能掌握基层一线的情况。京瓷有句话叫“不是检验结果，而是用结果来检验”。换言之，通过实际结果，来检验通过细致模拟而制订的计划是否有效，且整个过程的实施者正是巴长本人。

对于放权化的结果，Argyris 担心无产出的争权内耗会持续始终，但在阿米巴经营中，这种担心不过是杞人忧天——上司和下属之间甚为和谐，他们有各自的职责，发挥着各自的作用。在阿米巴经营中，巴长担当的并非“上级的信息提供者”或“上级既定战略的执行者”之类的被动角色，而是战略·改革的负责人，是主动积极的角色。

此外，上司和下属之间沟通紧密，从平日起就交流想法，建立了信赖关系。这点亦不可忽视。他们共享“京瓷哲学”这种基础价值观。这使得下属在决定决策时，往往能够基于与上司相同的价值体系，因此上司不必逐一干涉，可以放心让下属做主。正因为有这份信任，上司和下属之间才不会彼此猜疑，也不会产生无谓的权力斗争。

关于“信任”这一概念，纵观对阿米巴经营的既有分析文献，并未明确提出，但通过我们所开展的管理者行为分析可知，要理解阿米巴经营中的放权化，“信任”可谓不可或缺的要素。

第 10 节　对控制系统的分析

(1) 以放权为目的的管理会计

Johnson（1992）指出，管理会计是具备会计知识的企业管理层才能理解的专属物品，也是其自上而下的控制工具。他尤其将“出具结果的速度迟缓，反馈不及时”“数字过于概括”之类的会计信息特征视为问题缺陷，因而主张“该系统不适用于对基层员工的放权制度”，并由此而推崇与会计控制脱钩的“基于非财务性指标的放权化”，即 TQM 和 JIT。对此，Schuster et al（1993）则指出，要想真正推进放权化，关键要实施将全部财务数据向员工公示的“开卷管理”。可见，关于“以放权为目的的管理会计的系统形态”，两者的立场可谓大相径庭。

阿米巴经营作为放权化经营的典型，单位时间核算是其信息系统不可或缺的核心。至于其中放权化和管理会计的关系，则与 Schuster et al 的见解相近。至于 Johnson 的主张与阿米巴经营不符的原因，其实归根于管理会计的设计区别。首先，关于 Johnson 所提出的“反馈不及时”，单位时间核算予以了充分解决——不管多么基层的阿米巴，其成果也会以日度的频率反馈，且次日便能得到前一天的精确业绩额。此外，对于他所担心的“数据过于概括，无法实现对活动流程的可视化管理”，由于阿米巴组织实现了细分化，使各阿米巴分别合计数据成为可能。根据反馈速度，数据被分为月度数据和日度数据；凭借组织的灵活性，能够细致考察各个责任单位的各项成果。再加上核算表的格式也能基于“聚焦各阿米巴的重要管理项目”的要求，进行量身定制。通过这些手段，阿米巴经营在灵活运用管理会计的同时，充分实现了对现场的可视化管理。

此外，与品质或交货期等非财务性指标不同，阿米巴经营是以会计信息为核心的管理系统，因此在“根据需要概括数据”方面拥有优势。一般来说，以内部管理为目的的管理会计数据往往与用于外部报告的财务会计数据相脱离。因此即便合计现场的管理会计数字，也无法与决算数值相一致。但阿米巴经营的单位时间核算数字则不同——如果把劳动时间换算为人员费用，则二者几乎相同。而将现场的数字合计后，其结果便是整个公司的数值，因此各阿米巴也能清楚知道自己对整个公司贡献了多少。反之，企业高层如果不断细分整个公司的数值，最后便能得到最基层的数字，从而发现问题所在。

在传统观念中，管理会计纷繁复杂，要想运用好，前提必须拥有高度的会计知识。但阿米巴经营则不同，其诞生于稻盛先生“想让全体员工知晓公司经营状态”的迫切愿望，因此借鉴“家庭收支记账簿”，追求“人人能理解”的简明易懂。正如第 5 节中所介绍的，包括核算的计算方法和费用化的方式等，无处不体现其乃至细节的心思。由此可见，京瓷开发了一套优秀的会计手法，其主旨质朴但理解直观，且拥有较高的灵敏度。此外，由于京瓷热衷于对员工开展会计知识教育，因此哪怕是基层员工，亦熟知单位时间核算。他们对其充分利用，不断学习和改进作业流程。单位时间核算并非 Johnson 口中的“管理层专属物品”。至此，我们可以得出结论——如果拥有这种好用的会计系统，或许就不需要转而使用非财务性指标的控制系统。

在阿米巴经营中，会计信息可谓全公司的共通语言。由于各结果数据向全体员工（包括临时工）公示，所以各阿米巴的经营状态实现了透明化。此外，如前面所述，巴长相当于自己阿米巴的“社长”，因此拥有强烈的主人翁意识。他们自主自发地运营阿米巴时，会计信息便成了把握现状和预测将来的有力工具，并起到了推进放权化的作用。

这与开卷管理的特征相一致。如加登（1999a）所指出，阿米巴经营可谓一种开卷管理。当然，开卷管理的定义正如其名，关键在于“会计信息是否公开”。至于单位时间核算制的其他特征，比如部门间比较的简便性、评估库存的方法、具有“伸展性”的目标设定等，则已经超出了开卷管理的范畴。鉴于此，虽然无法仅凭此概念来阐释单位时间核算，但阿米巴经营与开卷管理之间无疑具有诸多共通之处。换言之，阿米巴经营可谓包含开卷管理要素的放权经营模式。

接下来分析一下管理会计系统本身的使用成本。计算的作业量随着总计算次数的增加而增加，而总计算次数与“组织数 × 计算频度”成正比，组织数则等于“全体人数 ÷ 组织规模”。京瓷的基层阿米巴规模在 10 人左右，且以日度的频率反馈会计信息，其所负担的管理成本自然相当高。不仅如此，这些小规模阿米巴之间还要分摊时间和费用开支。但在京瓷看来，“虽然耗费成本，但每名基层员工都必须能够确认自身的劳动成果，这是阿米巴经营不可妥协的底线，也是阿米巴经营不可或缺的作业环节”，因此其毅然实行。

此外，公司内部的会计教育成本之大自不必说，且由于会计信息对全体员工公示，外部泄密的风险势必也非常高。但在京瓷看来，“与这种风险相比，（将会计信息）对全员公示更为重要”。在京瓷，由于“命运共同体”的意识深入人心，因此不太有人会把重要的内部信息泄露给外部企业。正因为有这样的思维方式，单位时间核算制才能在京瓷发挥超过成本的优势，从而成为重要的管理体系。

（2）控制模式的多样性

上面通过阿米巴经营的事例，探讨了以“促进放权化”为目的的管理会计系统的设计方式。但要注意的是，管理会计并非唯一的控制方法。正如 Simons（1995）所述，存在四种控制模式：“诊断型控制系统”、“双向型控制系统”、“信条系统”和“事业伦理境界系统”，且重点在于如何将它们互补整合。下面按照他所提出的框架结构，探讨阿米巴经营中控制方法的多样性。

阿米巴经营以单位时间核算为工具，监控每个阿米巴的实际成果，这可谓“诊断型控制系统”的典型。通过向全体员工传授如何处理财务信息的会计知识，使这种诊断型控制系统能够一直适用至基层组织。通过我们的调查得知，各阿米巴设定的目标都非常高，高得超过了它们当下的能力范围，且京瓷以月度及日度的高频率检查目标的达成进度。不仅对生产部门如此，对销售和管理部门亦如此。在京瓷，把核算数字的意识深入巴长和阿米巴成员心中，也体现了该企业的诊断型控制系统有多么强大。

诊断型控制系统的前提是“制定自上而下的战略”和“下级予以彻底实施”，但在前面一节中有关管理者的行为分析的内容中已阐明，被放权的巴长为了“自己养活自己”而殚精竭虑，努力革新。这与诊断型控制系统的“下级执行上级旨意”的前提并不符。且在付诸行动时，也并非只靠巴长一己之力。不管是基层会议，还是级别最高的国际经营会议，战略都是在纵向·横向层级交错的活跃交流中制订，且与会者会积极交换意见。这种做法的背后蕴含着对现实的客观认识，倘若企业高层仅依据自身所知的信息制订战略，则难以保证其正确性。这与 Simons 所定义的“双向型控制系统”的特征如出一辙。而 Cooper（1995）并未触及该方面。可见，他的研究忽视了阿米巴经营中“双向型控制系统”的特质。

至于双向型控制系统的实例，我们考察的京瓷国分工厂的工业陶瓷生产部门便是典型。每到月初，为了制订当月的单位时间核算计划，该部门会召集下属四个股的巴长，一起认真讨论如何制定目标，以便完成科一级的年度计划。据我们对讨论会的观察，现场气氛活跃，大家积极交换意见，提出了不少提高产额和削减费用开支、时间的点子。并通过协调和修正，最终制定出全员接受的优秀方针。

在会议上，对于巴长提出的点子，各相关部门之间也会交换意见。此外，上司充当顾问的角色，从大处着眼，提出见解，从而指导和帮助被赋予权限与责任的巴长做出正确决策。在这样的场合下，各巴长还能了解其他阿米巴的最佳实践经验。

不仅如此，通过阿米巴之间的买卖，即便是生产部门，亦能敏锐地感知市场动向。买卖双方通过协商敲定买卖条件，包括“如何才能建立互利互惠的合作关系”。阿米巴经营通过把阿米巴作为独立核算的利润中心，促使各阿米巴积极交流沟通，为的是从上述互动中尽量获利。倘若懈于互动，则所获信息贫乏，从而容易导致决策失误。

不少人对阿米巴经营的印象是，基于诊断型控制系统，通过数值目标来“捆绑”巴长，从而实行严格管理。但从上述内容可知，这样的印象只说对了阿米巴经营的一部分，并不客观全面。阿米巴经营并非止步于诊断型控制系统，我们还应关注其双向型控制系统的要素特征。

在京瓷，稻盛先生将其经营哲学归纳总结为京瓷哲学，而它发挥着“信条系统”和“事业伦理境界系统”两方面的作用。换言之，在京瓷哲学中，写明了从事阿米巴经营的人“应该做什么”及“不该做什么”。被放权的巴长每日都不得不做出困难的经营判断，而据我们调查而知，他们将京瓷哲学作为判断的参照基准。只要碰到困难和疑惑，他们便会翻开《京瓷哲学》，思考“如果换作稻盛先生，会做出怎样的决定”。

在京瓷，由于京瓷哲学广泛深入人心，体现员工们“共享基本思维方式”的事例不胜枚举。在此仅举若干典型——巴长在设定阿米巴目标时，必须提出“发自内心愿望的远大目标”；若挑战艰难课题失败，不管结果如何，上级重视和评价的是其过程；不应一味依赖数据，而要重视现场，用自己的眼睛去确认实际情况，从而做出经营判断；对于单位时间核算中的利润，不应将其视为该阿米巴“仅凭自己独立创造的成果”，而应将其看作“在周围人的协助下所达成的贡献企业整体的行为”等。此外，对于“一味优先追求自己阿米巴的利益而给其他阿米巴造成困扰”的自私行为，京瓷员工拥有的共识是“绝对不可”，这使得阿米巴之间不太会产生不必要的矛盾冲突。而这与 Cooper（1995）的见解相符。

接下来分析这四种控制系统在阿米巴经营中的关系。诊断型和双向型控制系统属于对某种行为的“事后应对”，而信条和事业伦理境界系统则能够对巴长产生“事先引导”的作用。阿米巴经营对无数的阿米巴给予放权，但不管会计信息多么透明，组织结构多么灵活，倘若一味依靠“事后应对”的控制系统，则仍然过于迟缓。京瓷通过让巴长习得事先做出正确判断的基准，从而减轻“事后应对”型控制系统的负荷。可见，阿米巴经营通过让多种控制系统以互补的形式发挥作用，从而实现了放权化。

最后补充一点，在第 2 章第 3 节，对控制系统的文献调查中，有一点未能明确察觉，那就是“与组织结构相同，在设计管理系统时，阿米巴经营亦十分重视培养巴长”。以具有“伸展性”的目标设定为例来说明，其目的并非仅限于“激发主观能动性”，还让巴长意识到“若仅靠现行手段，则组织成长会产生瓶颈”，进而促使其想出更为划时代的崭新创意。这是“上级制定战略，巴长遵照执行”之类的诊断型控制系统所不具备的理念。上司督促巴长以“将来进行时”来看待自身能力。为了达成远大目标，要求巴长具备高度的思考能力，开展高层次的对话交流。而这正是培养人才的流程。通过对阿米巴经营实例的考察，我发现，其“以培养人才为目的”来优化控制系统的做法，在其他经营手法中并不多见。虽然只是基于有限数据的推论，但我们认为，其他企业在设计管理系统时，应予以借鉴，从而切实引入这种“培养员工”的理念。

第 11 节 阿米巴经营机理

本章从组织结构、管理者行为分析和控制系统的观点出发，归纳阿米巴经营机理的调查概要，并予以分析。为了阐释阿米巴经营的机理，基于调查结果，可以推出下述模型（图 3–8）。

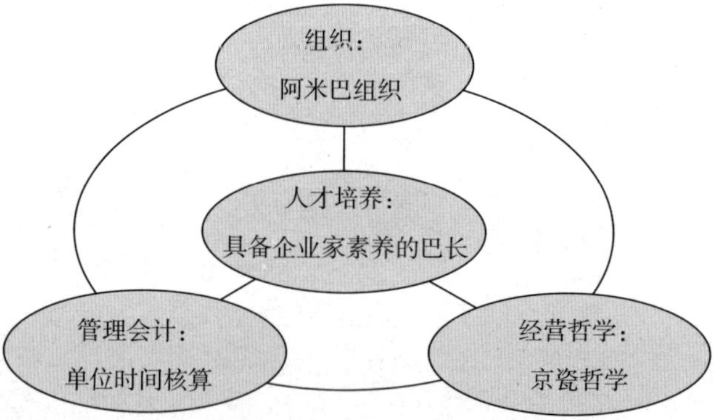

图 3–8 阿米巴经营的机理

首先，阿米巴经营的最终目的是“培养具备企业家素养的巴长”。为此，最有效的方式是“使其负责组织运营”。为了尽量给予员工这样的机会，京瓷在企业内建立了无数小规模的组织，组织成员从数人至数十人不等。它们规模虽小，但属于相互开展买卖行为的利润中心。巴长关注成本和销售额，思考如何增加组织利润。此外，为了与巴长的能力相适应，组织能灵活调整其规模及划分方式，这也是阿米巴经营的优势之一。

但若只是在组织的划分方式上下功夫，则无法让经验尚浅的巴长担负起经营组织的重任。鉴于此，阿米巴经营还向他们提供易懂易用的精简化管理会计系统——单位时间核算制。这种以日度为频率运转的 PDCA 循环，能够实时确认诸如“改善活动是否进展顺利”“不顺利的原因为何”之类的问题。

在放权经营中，上司充当的是“教练”的角色。单位时间核算使得组织运营实现了透明化，因此即便是基层组织，一旦出现问题，也能被迅速发觉。于是问题便能够在恶化之前，通过适当的指导而解决。凭借这种高敏度的管理会计制度，企业既能享受放权化所带来的好处，也能避免陷入“放任化”的陷阱。

此外，在运用管理会计这种“事后应对”型检查机制的基础上，通过贯彻京瓷哲学，企业自上而下共享了价值观和判断基准。通过让全体员工理解“该做什么”“不该做什么”，极大降低了巴长们做出错误经营判断的可能性。这亦是杜绝“放任不管”的对策之一。

京瓷凭借单位时间核算和京瓷哲学，使其在保障企业收益性和成长性的前提下，能够培养具备企业家领导才能的巴长。不少既有研究都仅关注阿米巴经营中单位时间核算和灵活组织结构等机制的独特性，但事实上从其整个机理模型可知，它将组织、经营会计及经营哲学有机结合，促进了人才培养。可见，阿米巴经营中的奇特要素虽然夺人眼球，但它整体上其实是设计合理的经营体系。

甚至可以说，正是该经营体系高水准的完成度，使京瓷具备了高收益性和成长性的核心竞争力。从生产工业陶瓷部件起家的京瓷，如今能够涉足信息通信、太阳能发电等并无明显技术关联性的领域并取得成功，重要原因之一便是其在各业务领域导入共通的阿米巴经营机制，并执行了有力的管理。

第 4 章

阿米巴经营的导入案例

第 1 节 阿米巴经营的咨询业务

如今，采用阿米巴经营的，已不仅仅是京瓷及其集团内企业了。KCCS 面向外部企业，开展着阿米巴经营的咨询业务。

KCCS 咨询服务的特征是“短平快”——仅在短短 10 个月内，便会帮助导入企业建立与自身相适应的组织和规章，并提供各种支持，直至导入企业最终能够自主运用阿米巴经营。之所以能做到这点，是基于在京瓷内积累和习得的经验及知识。此外，由于其以“顾问”这种第三方的立场提供指导，与“自家构建自家管理机制”相比，在划分组织和制订公司内部规章制度方面，还具备“不掺妥协和私情”的优势。

从 1989 年 4 月启动业务，截至 2002 年 9 月，共有 218 家企业接受过 KCCS 的咨询服务，其中 129 家的员工数不足 200 人，但亦有员工 1000 人以上的大企业。

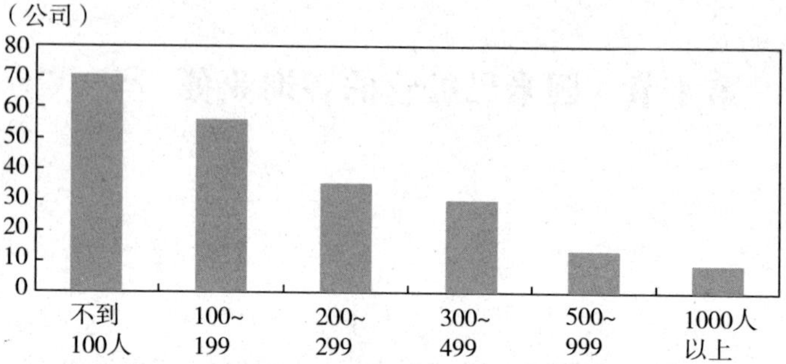

图 4–1　导入阿米巴经营企业的规模分布

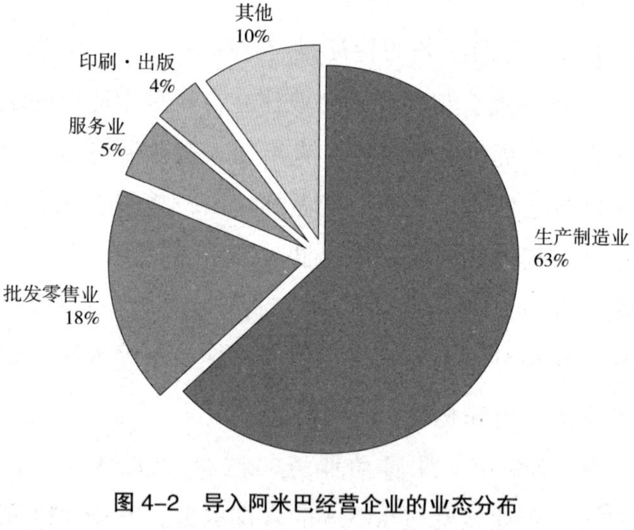

图 4–2　导入阿米巴经营企业的业态分布

此外，导入阿米巴经营的企业中，具备生产功能和不具备生产功能的比例为6∶4。可见，阿米巴经营并不受企业规模和行业类别的限制。

第 2 节 阿米巴经营的导入案例①

（1）对 SYSTEC 的调查流程

KCCS 之所以将 SYSTEC 推荐为我们开展试点调查的对象，可能是因为 SYSTEC 导入阿米巴经营非常顺利，较易把握其导入前后的变化。此外，SYSTEC 的梶村社长平日经常在阿米巴经营研究会等场合大方地介绍自家导入阿米巴经营的原委，因此对于我们的调查请求，亦爽快地予以允诺。

神户大学的谷武幸教授与我于 1995 年 12 月 5 日访问了 SYSTEC 的福田工厂和总公司。[①] 在福田工厂，首先进行了工厂参观。在装配车间，相关人员向我们说明阿米巴的划分方式，并介绍了作业工段。在用午餐时，

① KCCS 的两名顾问与我们同行。

我们有幸与负责推进阿米巴经营的管理总部部长中村先生、生产总部总部长助理守屋先生、生产总部生产部部长助理诸田先生，以及身为巴长的生产一科科长三浦先生、生产二科科长水谷先生、生产三科科长清水先生交谈。后来在总公司，我们采访了梶村社长。与在京瓷时一样，我们采取了半开放式的采访方式。围绕导入阿米巴经营前的状态、导入动机、导入流程中的困难和注意点、导入后的变化等话题，我们听取了他的意见。

此外，梶村社长在 1996 年 7 月 21 日和 1997 年 7 月 11 日召开的阿米巴经营研究会特别公开讲座上进行了演讲。前者的主题是《为何能激活基层》，后者的主题是《利益结构的大变革之路》，我只出席了第二次讲座，但从 KCCS 那里获取了两次的演讲录。从演讲主题可知，两次皆与导入阿米巴经营相关。演讲录能够起到对梶村社长采访的资料补充作用。第二次演讲中，在听众答疑环节，与社长同行的 SYSTEC 的事业部副部长大竹先生（生产部门负责人）也进行了发言。对我们而言，这亦是宝贵的信息。

当然，由于阿米巴经营研究会明显是“推销宣传”阿米巴经营的场合，对于相关资料和信息的客观性，我们必须予以注意。

而在参观工厂时，我们得以阅览了诸如贴在车间墙上的导入效果图示及活动表等内部资料。在阿米巴经营研究会上，当梶村社长演讲时，我们还获得了现场派发的相关资料，该资料介绍了单位时间核算的发展演进。

遗憾的是，在访问 SYSTEC 期间，我们没有时间充分观察其作业和会议的场景。

（2）阿米巴经营的导入

株式会社 SYSTEC 总部位于滨松市，整个集团的员工约为 270 人（截至 1996 年 7 月），主要为大牌电脑厂商代工，开发、设计及生产周边机器。

日本经济泡沫破灭后，一直持续着几乎不赢利的状态。在不景气的经济大环境下，各大牌电脑厂商纷纷裁员，而其原本派遣到各大企业的技术人员也因此被“赶了回来”，SOYSTEC 也面临着生存危机。

作为 SYSTEC 创立者的梶村武志社长回忆道，“（当时）公司只发得出一个月的奖金”，而就在他穷则思变时，通过熟人介绍，他加入了盛和塾，并得知一些塾生的企业通过引入阿米巴经营而获得成功。

梶村社长对阿米巴经营颇感兴趣。他说：“我们 SYSTEC 创业初期，也是把组织分为各个‘小块儿’，每天审视它们的销售额和费用开支，可谓与阿米巴系统如出一辙。”

但据他介绍，当 SYSTEC 的规模发展至拥有 100 名员工时，这种独创的“小块儿”组织管理法便失去了效果。他说：“我们（当时独创的管理法）与阿米巴经营的最大区别在于，我们 SYSTEC 的规则条条框框，十分明确。规则全由社长制定，运筹帷幄也由社长负责。换言之，一切都取决于社长能够管理的范围。”

阿米巴经营则不同，它的机制简单易懂，相关规则亦完备，因此梶村社长看好它。再加上他对稻盛先生的经营哲学亦抱有认同感，于是下决心导入阿米巴经营。

但当时是 1994 年，前年度（1993 年）的公司常规收益是 300 万日元，对于高昂的咨询服务费，SYSTEC 的经营层干部抱有忧虑，自不必说。当时公司的 6 名部长皆表示反对：“社长您在想什么呢？现在根本没条件（导入阿米巴经营）啊。”即便如此，梶村社长依然坚持道：“这样下去公司也没啥前途，必须做出改变。要是搞砸了，反正欠债的也是我，就让我任性一回。”就这样，他几乎以“霸王硬上弓”的方式，毅然决定导入阿米巴经营。

导入计划从 1994 年 7 月起实施，但其过程绝对称不上一帆风顺。尤其是本应起到领导带头作用的公司高层，却迟迟未能转变意识——“京瓷是京瓷，我们是我们。公司规模不同，思维方式也不同，所以它（阿米巴经营）根本没法在咱们公司落地”。这种冷淡的反应持续了相当一段时间。当时，即便有的干部没有反对至此，也只是抱着消极态度——“既然社长这么定了，大概能行吧。反正姑且照办吧”。

对于改革，普通员工亦有所抗拒——“突然要改，怎么可能做得到？”“不理解的东西怎么执行？完全一头雾水。”……

为了改变这种氛围，梶村社长想尽办法。从导入计划开始直至12月的5个月内，他屡次亲临现场，对员工阐述自己的想法。

不仅如此，从1995年4月左右起，在月度会议中，他将重点置于计划，而非结果。对于下属提出的计划，他并不妥协，而是让他们制定“更高一级”的目标。他按照稻盛先生的主张，以“小善似大恶，大善似无情”“善心厉行”的觉悟，向每名员工发出号召，并以严格的态度推进改革。此外，几乎在同一时期，他还选拔出热心参与阿米巴经营导入工作的员工，将他们任命为阿米巴经营的推进负责人。

SYSTEC 根据自身情况，想出了“以高低顺序公示各阿米巴单位时间核算值”的方法，其在公司内部产生了巨大影响。虽知各阿米巴的业绩受所处环境及工作内容左右，但 SYSTEC 依然采取“单位时间核算值”这个统一尺度来评价各阿米巴。“本月，×× 领导的 ×× 部门，以 ×× 日元的单位时间核算值位居第一”。通过这样的公示，促进了阿米巴之间的竞争，也逼得各巴长无法再“事不关己，高高挂起”。

（3）阿米巴经营的导入效果

在社长的亲自号召及各种尝试之下，从 1995 年 6 月左右起，公司的氛围发生了转变，这从单位时间核算的数字上亦有显著体现。同年 4 月，公司的 15 个阿米巴中，尚有 11 个未能达成全公司实现盈利的单位时间核算目标值（2200 日元）。可到了 9 月，几乎所有的阿米巴已经都能达成该目标。

虽说成果以数字的形式可见，但一句“大家很辛苦，但总算达成了一个目标”之类的话语便让人满足，而 SYSTEC 的全体员工逐渐体会到了这份感动。在我们访问时，福田工厂的墙上贴着绘图纸，上面手写着 1995 年 6 月和 7 月的核算表，大字十分醒目。那两个月是最艰苦的时期。巴长们说“不能忘记那段艰苦岁月”，同时也是为了铭记当时体会到的成就感和欣喜。

在导入阿米巴经营前，SYSTEC 的生产部门已经连续 7 年赤字，处于生死存亡之际。即便是从开始采用单位时间核算制的 1994 年 7 月至次年 5 月，其单位时间核算值也处于 1506 日元的低水准。但从 6 月起，其增长势头从未停止，达成了平均 2593 日元的单位时间核算值，打了个漂亮的翻身仗。

巴长们介绍道：“哪怕订单减少，我们也会通过调整人员、削减外包加工费或耗材成本等手段，想尽办法达成目标。这个过程也挺有趣的。”这些员工数年如一日，一直在同一车间和岗位工作，在导入阿米巴经营后，居然把“有趣”挂在了嘴边。可见，在“自己经营阿米巴”的过程中，他们体会到了快乐。

通过达成“不可能实现的目标”，巴长们获得了自信。其中一名巴长感言道：“从前参加总部的月度经营会议，等于是去总公司挨一顿骂，所以每到开会前都很忧郁。可如今不同，我能挺着胸膛去参加了，甚至都等不及想去参加了。”还有人说“想在单位时间额上超过京瓷”。

在 1996 年 5 月的公司内部研修会上，生产部门的巴长发表了迄今为止的活动及成果。对于今后的课题，其阐述道：“通过让阿米巴经营进一步落地和稳定，使全员树立主人翁意识，从而构建能够创造高价值的职场。我们计划在本年度达成3200日元以上的单位时间核算值。”该目标数字并非社长制定，而是巴长们本着“挑战远大目标”的宗旨，独立思考而得的产物。

虽然每月都要挑战难以实现的目标，但几乎所有的受访者都对我们说“感觉工作比以前要轻松”。其中一名巴长还说道：“以前工作环境混乱，一头雾水，光是完成既定产量就已经让人精疲力竭。可如今不同，看着核算表，便能运筹帷幄，一目了然。由于能提前知道必须做什么，因此不再做无用功。以前虽然也很努力，但不得要领。”

在阿米巴经营开始走向正轨的3个月后，SYSTEC的阿米巴已经能够在月末截止期的10天前估测当月的最终损益。如此一来，即便出现问题，也能及时应对。生产阿米巴的巴长以前累于工厂管理事务而忙得不可开交，但如今的工作更灵活，在工作量较少时，他们甚至会越过销售部门，自己跑去客户那边争取订单。

此外，横向层级的沟通也日益活跃。对此，有巴长介绍道：“以前有的岗位一到点就下班，有的岗位却加班到很晚。导入阿米巴制度后，各阿米巴之间开始借调人员，大家一起干到7点下班。”

阿米巴经营在SYSTEC内部造成了各种竞争。如前面所述，各阿米巴的成绩排名在公司里公示。巴长自不必说，就连普通员工也对胜负十分在意。一位巴长苦笑道：“有时我这个巴长应对不到位，下属员工会来质问我。”随着阿米巴经营的导入，SYSTEC废止了QC活动，可基层的提案数量反而增加了。更有意思的是，最热衷于阿米巴之间竞争的，居然是临时工。在SYSTEC，临时工亦有对核算状况的知情权。据说，当一帮临时工凑在一起时，关于单位时间核算值的“胜负情况”是他们的主要话题。

对总部的开发部门而言，工厂的业绩上升亦是一种“良性刺激”。有一次，当开发部门得知生产阿米巴的单位时间核算目标比自己高时，便将自己的目标“加码”了1000日元。据说这让社长都大吃一惊。

在公司内部问卷调查活动中，一名巴长说道：“（我）感觉和社长的想法逐渐合拍了。通过阿米巴会议和与社长的月度座谈会，我充分理解了社长的思维方式，且渐渐能够付诸实践了。我觉得自己真正体会到了什么是‘矢量一致’。”而梶村社长则感言道：“对于我所提出的要求，以前的员工要么觉得事不关己，要么不太情愿地被动执行。如今不同了，哪怕我不下达什么强制命令，他们也大致能明白我的想法。”

不仅如此，巴长们还能将社长的想法以具体目标的形式呈现。对此，梶村社长还说道：“由于设定的目标基于‘必须去做’的主人翁意识，因此真的能够出成果。而且通过阿米巴系统，自身的整个作业过程皆可看见。该机制在日积月累中不断完善，我觉得非常好。”他的这番话，凝聚了他对阿米巴经营的切实感受。

第 3 节　阿米巴经营的导入案例②

（1）对 DISCO 的调查流程

继 SYSTEC 之后，我们又获得了调查 DISCO 的机会。在一个经管杂志[①]的一期采访中，DISCO 的关家社长和经营支持总部部长中山先生在谈及公司导入阿米巴经营的理由时坦言“吸引我们的并非稻盛先生的哲学思想，而是阿米巴系统本身”。当时我们正想找一家与 SYSTEC 情况不同的阿米巴导入企业，于是对 DISCO 的导入事例产生了浓厚兴趣。于是立刻拜托 KCCS 帮忙安排采访调查，最终获得了 DISCO 的许可。

谷教授和我于 1996 年 3 月 12 日访问了 DISCO[②]。其

---

① 《周刊东洋经济》1995 年 11 月 25 日号，该采访文章的标题为《平成版“经营之神”，京瓷稻盛战略的全貌》。

② KCCS 的两名顾问与我们同行。

间，我们采访了阿米巴经营系统的运营负责人中山先生和负责信息系统的经营管理科主任青木先生。采访内容与 SYSTEC 相同，包括导入阿米巴经营前的状态、导入动机、导入流程中的困难和注意点、导入后的变化等。

但我们在 DISCO 只实施了采访，并未开展问卷调查及参与观察等数据收集工作。

（2）阿米巴经营的导入和效果

DISCO1995 年度的员工人数为 801 人，销售额为 270 亿日元，常规收益为 49 亿日元。它是日本国内首屈一指的半导体切削切割设备生产商，占据了日本国内九成的市场份额。

当 DISCO 将组织结构改为事业部制时，有一个争论点是“倘若维持既有财务会计制度，则事业部的损益管理将会变得困难”。如果财务会计依然只负责全公司的数字汇总，那么问题不大。但如果要管理小组织单位的业绩，则必须做出相应的改进。于是，作为管理各事业部核算业绩的手段，DISCO 导入了阿米巴经营。

正如 DISCO 的经营支持总部部长中山勉先生所言，“导入的不是哲学，而是系统”。但这并不意味着“完全抛弃阿米巴经营的思维方式，只采用其机制”。在导入过程中，以中山先生为代表的推进负责人其实得出了判断——对于阿米巴经营所要求的思维方式，其实DISCO的既有企业文化已然具备类似特质。

具体来说，在导入阿米巴经营之前，工厂一级的QC活动便已在DISCO开展得热火朝天。换言之，公司具备“全员讨论，持续改进”的土壤。这与阿米巴经营殊途同归。鉴于此，对公司而言，在保留该土壤的基础上植入阿米巴经营的系统，更能让员工适应，也更能顺利运营。

中山部长介绍道：“在导入阿米巴经营之前，我们公司当然已经具备提高利润、削减成本的意识，但对于具体该如何去做，则不太明白。”通过QC活动，员工学会了怎样去解决问题和设定课题。但对于如何追求利益，其认知并不充分。而通过导入阿米巴经营，使设定“单位时间核算值”这种明确的目标成为可能。他还说道：“员工一旦被要求‘赚钱赢利’，思维和创意便会与先前截然不同。即便是生产第一线的员工，如果上司整天强调‘成本’，也会心生厌烦。可谈到如何赚钱就不同了，他们开始独立思考，譬如想办法缩短装配用时等，总之在积极地削减成本。”再加上结果以核算表的形式公示，简单明了，这也提升了他们对于赢利的积极性。

阿米巴经营之所以能在DISCO获得成功，其另一重要因素是电脑系统的支持。推进电脑系统，源于高层的忧虑——“导入阿米巴后，恐怕会增加管理时间和成本”。结果，多亏了电脑系统，票据处理和输入作业等管理负荷得到大幅削减。再加上对现行票据的灵活运用，相关成本亦未增加。

电脑化带来的最大效果是将“可视化经营”推到了一个新高度。从开始运营阿米巴经营系统后不久，DISCO便实现了电脑化管理——只要敲击终端的键盘，谁都能立即查看截至前一天的单位时间额、销售额及费用开支等明细。由于能够像这样即时获取重要信息，“在当月结束之前的剩余天数内调整战略计划”便成了可能。

经营支持总部经营信息部经管科的青木正道先生介绍道：“以前销售部只知道提高销售额，至于是否真正赢利，销售部门的业务员并不清楚。哪怕是部长一级的干部，也只能做出‘提高销售额’的指示，却无法做出与提高利润相关的指示。即便能在宏观范围阐述销售额与费用开支的关系，进而提出诸如‘目前的利润是这样，因此必须那么做’之类的要求，可一旦涉及具体问题，则难以做出指示。”

而阿米巴系统则不同，他对此说道：“卖给哪里，卖价多少，从生产部门购入的价格又是多少，全都一目了然。”包括从创业伊始一直支撑DISCO的传统业务——磨刀石的生产销售，其品类多达数千种，新系统却能够实时获取各品类的相关信息数据。巴长能够把握自己阿米巴的销售额、费用开支、利润等详细信息。因此除提高销售额外，还能通过削减费用开支和时间来确保利润。

通过在QC小组的基础上植入阿米巴经营，以及彻底到位的电脑系统支持，DISCO没有碰到太大的问题，而是较为顺利地让阿米巴在公司成功落地。至此，员工的工作积极性进一步提升，公司的“体质”亦得以加强。

在DISCO，以前有的部门老是抱怨办公空间太小，可在独立为阿米巴后，居然主动申请返还用不到的多余空间。此外，由于成为利润中心的生产线部门开始批评间接部门“为何我们要分摊这么多总部和事业部的间接费用开支”，促使各间接部门也建立起了核算意识。

在导入阿米巴之前，DISCO的检查工段被视为成本中心。但只是“检查产品后放行”，并无产出，相关费用开支和时间都靠生产部门分摊，因此过于被动。而在导入阿米巴之后，该工段转为从生产的最终工段买下产品，并将自身的质检作业视为一种增值服务，在产品价格上得以体现，然后卖给销售部门。换言之，其独立为核算阿米巴。据介绍，由于自己的成果如今能够变成看得见的利益，因此检查工段积极开展改进活动，且大家乐在其中。

不仅如此，阿米巴经营的效果还体现在其他方面。与其他导入企业一样，DISCO 上下级之间的沟通变得更顺畅。在日常的阿米巴活动中，上司对下属的行动了如指掌。而由此察觉“这人居然有如此能力”，从而发掘出人才的例子也不在少数。此外，由于“优秀的机制顺利运作”，也让公司高层感到安心。

（3）阿米巴经营的改动

为了让阿米巴经营发挥更好的效果，DISCO 还进行了一些富有特色的改动。开会时，为了让计划达成状况一目了然，将业绩数值分为蓝、黄、红三色，用投影仪展示。此外，还设立奖项，营造游戏般的氛围，让各阿米巴无论自身当下业绩好坏，都能拼命努力。

下面以负责主力产品（半导体切削切割设备）的事业部为对象，介绍其对未完成品清点计算的处理方式。DISCO 的半导体切削切割设备生产周期较长，从接单到成为公司销售额，需要3个月以上的时间。一开始，基于京瓷的基本原则，不对其进行未完成品的清点计算，只要使用了相关资材，便计入当月费用开支。

但按照这种做法，有的月份由于投入资材却无销售额，导致核算业绩恶化；有的月份又在无费用的情况下“凭空”产生销售额，导致单位时间额很漂亮，总之业绩十分不平衡。不仅如此，在会议上要对相关业绩的恶化做出反省时，“因为还在生产途中”“上个月因为没出货，这个月出货（业绩就好了）”之类的借口和解释层出不穷，离“核算的可视化管理”相去甚远。

针对这种周期较长的产品，可以将工段细分为数个阿米巴，相应阿米巴内的作业一旦完成，便计入相应的销售额。该手段的优势在于，能够清楚审视最初至最终的工段，找出哪里是耗费时间或造成浪费的地方。

但DISCO并未采用上述手段，其不按工段划分，而是按设备来划分阿米巴，将每种设备所涉及的工段交由一个阿米巴全程负责。另一方面，为了正确审视核算，其对未完成品采取清点计算处理，一旦产品变为销售额，则将相关费用开支一并计入当月。其对未完成品采取清点计算的确复杂，但生产1台设备的销售额、费用开支、所要时间都在同一月度的核算表中体现，因此较为平衡。

于是，公司能够正确把握阿米巴核算业绩，也易于管理。

对于“宁可对未完成品采取清点计算，也不以工段来划分阿米巴”的理由，总部部长中山先生解释道：“车间员工还是希望对生产负责到底，从零开始，直至完成出货，这能给他们带来满足和喜悦。倘若中途撤手，交给其他阿米巴负责，会挫伤他们的干劲。”

除上述例子外，DISCO 还有不少对阿米巴经营惯例的改动。比如不让产生费用的部门自行负担费用开支，而是故意将其作为分摊费用，让各部门共同承担。但在如此“独辟蹊径”时，DISCO 会慎重讨论，以防跌入意外的陷阱。此外，DISCO 还会看准时机，找京瓷的专家顾问商量，拜托他们审视公司的前进方向是否正确。

对于改变原则，中山先生起初也非常抗拒。对于公司对阿米巴经营的改动，他坦言道：“以 DISCO 的经营环境（与京瓷）不同为由，有的地方的确有‘刻意而为’的改动。在我看来，这与阿米巴经营的普遍性不符。”

中山先生强调，改动不可“似是而非”。对此，他解释道：“‘独创’听来美妙，但必须时刻注意，它也可能导致严重问题。（中略）必须时刻与京瓷的原则进行比对。”他还道出了本意——“在运营阿米巴经营系统时，只要能意识到‘（实际）和原点差在哪里’，即便出现状况，也能及时纠正。”对此，相应的负责顾问也对中山先生打了保票：“在运作系统时，您对阿米巴经营的理想状态认识明确，这让人感到安心。”

第 4 节　试点调查的含义

围绕导入效果和流程，从对 SYSTEC 和 DISCO 的试点调查，可得出以下结论。

（1）导入效果

通过上述两家公司的事例，虽然调查所得的结果依然跳不出“片断式信息”的范畴，但可以确定，导入阿米巴经营能够提升员工的利润意识、成本意识，以及对工作的热情和干劲，在心理方面产生了积极效果。

通过调查，我们还得知有的员工由于阿米巴之间产生竞争，“感觉工作如游戏般充满乐趣”。有的巴长之前处于被动位置，而现在即便是生产部门的巴长，也能直接去跑客户，其主观能动性得以提升。

阿米巴之间的横向层级沟通得到改善，大家彼此自发交换信息，不再一味依赖上司。其背后的原因包括

“担任巴长之后的责任感”“自身组织工作状况的可视化”“巴长由此能够预测将来，及早应对情况”等。

不仅是横向层级的沟通，上司和下属之间的纵向层级沟通亦得以改善。

此外，在业绩方面，单位时间核算的大幅改善也清晰可见。这种成功体验，也促进了公司全员不断挑战更高层次的课题，可谓建立了一个良性循环。

（2）导入流程

导入阿米巴经营后，其效果并不一定会立竿见影。员工“这种（导入）徒劳无益”之类负面意识的蔓延，以及对管理成本增加的忧虑等，都是阻碍导入产生效果的关键因素。但只要公司高层全力推进改革，保持“誓要实现组织变革”的决心和态度，组织便会产生可喜变化。至于是逐渐变化，还是在某个节点突然变化，则尚不明确。

而如果在导入之前，对于诸如 QCC 等自下而上的提案，企业内已经具备相应的奖励机制和组织文化，则在向阿米巴经营转型时，受到的阻力似乎较小。

此外，诸如结果反馈方式、组织划分方式、计算方式等似乎细微琐碎的变更，也依然值得重视。如能与导入企业的实际情况相适应，对它们予以妥善、细致处理，则能够将阿米巴巴长和成员的积极性提升至较高层次。

（3）体系化调查的必要性

但不得不承认，这两家公司的事例仅属于试点学习的范畴，并未到达体系化调查的程度。即便是采访和意见听取，也只是以极少数人为对象，且时间较短。

关于导入效果，围绕业绩及巴长心理等各方面，哪些部分有大变化，哪些部分不太受影响，这些问题依然不明确。此外，对于导入效果的肯定回答，究竟是只限于我们的采访对象，还是公司全体员工的共识，这点亦不明确。至于对阿米巴经营的负面意见，在整个调查过程中，可谓完全没有接触到。因此有必要实施体系化调查，从而量化测定导入效果。

关于导入流程，调查事例尚少，受访者数量亦寥寥，还未达到能得出普遍性结论的程度，因此需要更为深入的调查。

第 5 章

体系化调查
阿米巴经营的企业

第 1 节　调查流程

（1）问卷调查的目的

我们开展问卷调查的目的不在于验证假设，而是收集“可对话的数据”。换言之，虽然调查能够检验各指标分数在导入前后是否呈现有意义的分差，但该检验本身并非我们实施问卷调查的目的所在。我们是为了以该结果为切入点，探讨尚未被阐明的阿米巴经营的导入效果，并将其作为孕育新理论的第一步。

纵观一般意义的经营学实证研究，其作为成果指标而使用的变量包括利润意识、主观能动性、业务满意度等心理层面的变量，以及收益性、品质、交货期等成果层面的变量，可谓种类繁多。而在制定测定阿米巴经营导入效果的标准时，哪些最匹配？哪些应该组合在一起？值得信赖的类似测定标准，还未有人开发出来。

但无论是Cooper的先行研究，还是我们对京瓷和其他导入企业所开展的调研，都得出了同一个推测性结论——阿米巴经营不仅能改善企业的收益性，还对培养巴长、公司内部沟通等各方面产生了影响。由此可见，若仅凭单一或少数的指标，则很难测定其综合性的导入效果。鉴于此，在本次的问卷调查中，我决定以探索的方式，尝试以多个标准来测定导入成果。我选择了5个标准：“管理者行为”、“纵向层级互动”、“横向层级互动”、“巴长的意识”和“业绩”。

（2）配合调查企业的选择

说是选择调查企业，但实际回答问题的是个人。至于选择企业的流程，我们首先明确了目标——想收集什么人的回答，从而测定阿米巴经营的导入效果。下一步，我们便开始寻找拥有目标人群的企业。

基于阿米巴经营的描述，我们制定了“回答者候选名单”，其包括企业高层、负责推进阿米巴经营的管理部门人员、巴长、全体员工。在我们看来，这四者与阿米巴经营的关系最为紧密。而我们从该候选名单中最终选出的是“巴长”。因为在阿米巴经营中，“能否让基层巴长负责经营”是极为重要的课题。实际上，在我们的研究课题中，也有许多与“参与”和“放权机制”相关。鉴于此，我认为，“通过导入阿米巴经营，巴长的意识和行为呈现哪些变化”是个意义重大的课题，应该对其进行测定。[①]

接下来必须决定“调查几家企业”以及“在每家企业对几名巴长实施问卷调查”。自不必说，这两个数字的累计值便是总样本数。

鉴于我们的调查能力有限，因此只能在“企业数”和“一家企业的巴长数”中选其一，作为着力点。至于选哪个，则取决于研究关注点及研究课题。而我们最大的关注点是“导入阿米巴经营后的变化”。在第 2 章第 4 节的既有文献回顾中，提到了 Anderson & Young（1999）主张的观点——在导入 ABC/M 时，不仅是系统内部要素，围绕该系统的外部要素也会产生影响。鉴于此，假如以多个导入企业为对象，分别对各企业中少数的巴长开展问卷调查[②]，或许能够得知它们各方面的导入效果差异，包括产业特性、企业规模、业绩和导入年数方面等，

① 当然，对于企业高层、管理部门人员和巴长，可以三者皆选，也可以三选二。可如此一来，就必须相对应地制作不同的调查问卷。此外，由于企业高层和管理部门人员有限，很难满足统计处理所需的样本数量要求。

② 在经营学的问卷调查活动中，较为普遍的方式是对多家企业各寄出一份调查问卷，而企业则让特定部门的人代表企业填写问卷。

但对阿米巴经营的既有研究积累较为贫乏，远远无法与ABC/M相比，因此要想分析至系统外部要素，对本课题而言，实在为时尚早。鉴于此，这次的研究旨在尽量控制外部要素，进而单纯直接地测定“导入前后有哪些项目发生了变化”。于是，我们决定只以一家企业为对象，对多名巴长开展问卷调查。

至于“想调查怎样的企业”，我们对KCCS提出了我们的希望条件。它们是：

· 拥有生产部门

· 至少拥有20名左右与生产相关的巴长

· 其上级领导也愿意接受问卷调查

· 导入阿米巴经营已有1~2年左右

至于为何将“拥有生产部门”作为条件，是因为在导入阿米巴经营之前，那些生产阿米巴应该只是成本中心，在导入后才转型为利润中心。而这种动态变化，或许能在调查中测定。此外，在我们之前的研究中，有不少都以生产部门为考察对象，因此我们希望能将调查结果与既有数据组合利用。

为了确保数据准确性，我希望调查对象的生产部门拥有20名以上的巴长。如果按照1个阿米巴平均10人计算，仅生产部门，便能取得超过200名员工的样本。

考虑到导入阿米巴经营的企业中，半数以上的员工都不超 200 人，我们的理想调查对象可谓规模相当大的企业，这样的企业只占少数。[①]

至于为何希望让巴长的上级也接受问卷调查，是因为基层组织单位既然“利润中心化”，那么原本或许只是成本中心的上级组织也会同样转变为利润中心[②]。可以预见，该上级组织的管理者行为亦会发生变化。此外，不同阶层的回答可能有所不同，对此也值得探索一番。

至于调查时期的选择，倘若从导入前或导入途中着手，按时间先后顺序多次评定阿米巴经营的导入效果（比如在导入前和导入后，询问同样的问题，将回答的不同之处视为导入效果的体现等），则会耗费极多的时间和成本，且很难在数年内一直跟进大量的受访对象。鉴于此，我们选择在导入后的某个时间点开展调查，对导入前后的状态进行一次性的比较。

那么应该在导入后的哪个时间点开展调查呢？对于该问题，并没有能够参考的先行研究成果。但从我们对

---

① 1989 年至 1996 年间，接受 KCCS 咨询服务的阿米巴经营导入企业共有 86 家，其中 51 家的员工总数不超过 200 人。有 9 家企业拥有 500 名以上的员工，仅占全体的 10% 左右。

② 比如，生产股一旦“利润中心化”，其上级单位（生产科）亦会转变为利润中心。

SYSTEC 的调查以及阿米巴经营研究会的相关信息可知，导入后起码要过几个月，效果方能显现。反之，如果导入后时间过去太久，受访者脑中对于导入前状态的记忆恐怕会变得模糊。此外，如果受访者在导入前后的所属岗位或工作内容大相径庭，则会使得导入阿米巴经营的影响与其自身岗位和职务变化的影响混为一谈，难以分开来剖析。鉴于此，为了清楚把握导入效果，并在尽量不受其他因素干扰的情况下单独测定它，我们将调查对象设定为“导入后过了 1~2 年的企业”。[1]

在 KCCS 的帮助下，最终找到了几乎满足我们上述条件的企业——广岛铝工业株式会社。该公司生产销售铝制部件，拥有 1003 名员工，大约在 1 年前导入了阿米巴经营。

该公司内的正式 PC（利润中心）仅到科一级，因此 PC 数量只有 11 个。但我们从公司干部处得知，科的下级单位“股”其实也在合计单位时间核算值。换言之，在低于科一级的小规模组织中，有的实际上也在实施阿米巴经营。这样的股，在该公司内一共有 25 个。此外，在被视为成本中心的生产间接部门内，有 4 个科，28 个

① 当然，在导入后 1~2 年间，有的巴长也可能已经完全调换了工作或岗位，但由于我们无法精确筛选出他们，因此也未在所得数据中剔除这些因素。

股（参照表 5-1）。虽然它们属于 NPC（非利润中心），但公司依然对其巴长移交了较高权限。

表 5-1　受访回答者明细

	生产部门（PC）	生产间接部门（NPC）
科长	11	4
股长	25	28

对于生产间接部门，依然可以询问同样形式的问题，因此我们决定在本次调查中以从事生产及生产间接业务的组织单位为对象，总计对 68 个科和股的巴长开展问卷调查。

通过这种对受访回答者的选择，除了可以比较导入前后的全体回答者的“平均差”之外，还能针对诸如“生产部门 vs 生产间接部门”“科长一级 vs 股长一级”等细分门类，比较彼此之间的“比分”。

对于调查问卷的细节，将在下一节进行说明。

（3）调查问卷的发送及回收

谷教授和我于 1998 年 6 月 4 日访问了广岛铝工业株式会社，拜托其协助我们的调查工作。公司董事四方先生、经营管理部部长时本先生，以及经营管理部科长种田先生爽快地答应了我们的请求。

当时，我们不但获得了该公司的宣传手册，还得到了包括“单位时间核算表制作日程指南”“阿米巴经营活动过程”“广岛铝工业株式会社组织架构图”等内部资料。此外，围绕组织结构和阿米巴经营的导入经过，我们听取了他们的说明，时长大约一个半小时。至于问卷调查，我们以该公司的7个工厂中，与生产相关的所有利润中心的36名巴长和作为成本中心的生产间接部门的32名巴长为问卷调查对象开展问卷调查，并委托经营管理部将调查问卷[①]交到他们手中。

虽然调查问卷采取不记名形式，但为了易于处理所得数据，我们要求回答者注明自身所属岗位，因此未能完全保证其匿名性。不过在寄回调查问卷时，我们要求回答者不要通过经营管理部门，而是直接将装有调查问卷的信封寄到神户大学谷教授那里。对此，我们在调查问卷上也清楚写明——数据只用于综合分析，个人的回答并不会被公开。我们认为，通过这样的措施，能够有效降低“回答者对自己公司过度好评”的可能性。

---

① 调查问卷的标题为“阿米巴经营调查”，调查方为“神户大学经营学研究会”。

我们将调查问卷的提交截止日定为6月30日，问卷的最终回收率为100%。

（4）跟进调查

要想基于问卷调查的统计结果，尽量多地从中提炼出具有意义的成果，则需要详细了解该企业的实际情况。

为了完善问卷调查的结果，我们于1998年12月10日和11日，再度访问了广岛铝工业株式会社。我们先向公司董事四方先生、经营管理部部长时本先生，以及经营管理部科长种田先生汇报了问卷调查的结果，然后针对“如何解读这些结果”的问题展开讨论。此外，对于初次访问时遗漏的问题等，我们也进行了跟进。不仅如此，在参观了祇园工厂的铝锅生产车间后，我们还采访了该工厂的生产科长伊藤先生、股长加谷先生（隶属第一生产股）、股长佐古先生（隶属第二生产股），他们既是巴长，又是我们的调查问卷的回答者。

采访中主要的询问内容包括阿米巴经营的导入效果、导入流程、导入中碰到的困难、组织的变化等。而围绕问卷调查的结果，我们也彼此交换了意见。这是为了避免研究者单方面地解读调查结果而掉入脱离实际、自我满足的陷阱。

第 2 节　广岛铝工业株式会社的简介

广岛铝工业株式会社的公司简介如下。

公司历史・迄今为止的管理沿革
・1921 年创立。 ・占据其销售额一大半的业务是铝制汽车部件的生产销售，该业务的客户是马自达及马自达关联企业。 ・其遵循马自达的 VA（Value Analysis，价值分析）/ VE（Value Engineering，价值工程）提案制度，并连续二十多年被马自达授予优秀奖。 ・被马自达认证为“品质优良合作企业”。 ・在 TPM（即“Total Productive Maintenance”，意为“全员生产维护”。——译者注）活动中，曾被授予“优秀企业奖”。

该公司导入阿米巴经营的动机如下。

导入阿米巴经营的动机
· 20 世纪 90 年代中期的日元升值导致经济低迷，该公司的销售额亦锐减，基于对将来经济形势持续低迷的预测，实现“在低销售额的情况下创造利润”成为当务之急，于是开始探讨导入阿米巴经营的计划。 · 广岛铝工业原本并非盛和塾的成员。 · 社长和四方董事参加了京瓷主办的阿米巴经营研究会。 · 公司原本就具备管理会计系统，但主要是经营管理部门在运用，且该系统复杂难懂。对生产等基层部门而言，其并非有效的管理工具。 · 公司之前在通过 TPM 活动来努力提升生产效率，但未对财务方面的成效进行测定，因此未能弄清活动与成果之间的具体关系。

此外，如下所述，该公司实行的阿米巴经营虽然在形式上与京瓷的“原版”相近，但鉴于成熟度等不同之处，不可将二者视为相同。我们有必要在考虑它们相异之处的基础上，探讨广岛铝工业的阿米巴经营导入效果。

广岛铝工业的阿米巴经营特征
· 阿米巴经营的运营负责方为经营管理部门。 · 开展与京瓷同样方式的单位时间核算。 · 在计划方面，只设定年度和月度计划。业绩以月度频率测定，但有的巴长也会利用手头数据，以周次频率来跟进业绩数值。 · 在多数情况下，生产部门的卖价以买方的合同价为准。 · 生产阿米巴主要拥有与生产相关的自由定夺权。 · 即便对公司内部的交易条件不满，也不允许阿米巴将中间半成品卖给企业外部客户。 · 若取消外部订购，转为自产，则利润归相应的阿米巴所有。 · 若找到价格更低的部件供应商，则可以替换既有供应商。 · 一旦上级认定某个巴长缺乏领导才能（这点比阿米巴业绩好坏更重要），便会在与部长和人事等商量的基础上，将该巴长降级。

第 3 节　问题项目及测定方法

在制作调查问卷时，我们参照了之前在京瓷和其他导入企业实施的试点调查的结果，并回顾了既有文献，从而提炼出了问题项目。为了检查问题是否妥当，我们事先拜托 KCCS 的顾问过目了内容，进而修正了一些措辞等。测定标准包括“管理者行为”、“纵向层级互动”、“横向层级互动”、“巴长的意识”和“业绩”五大方面，共计 72 项问题。下面说明调查问卷的细节及测定方法。

（1）管理者行为

在第 4 章介绍京瓷案例时亦明确提到，阿米巴经营的根本目的是“在企业内大量培养具备企业家精神的巴长”。实际上，巴长也的确被委以重任，身居阿米巴这种“模拟企业”的“社长”之位，做出艰难的经营判断。“照章办事、执行方针”固然重要，但京瓷更希望他们能够发挥企业家般的才干。而通过我们对导入企业的试点调查亦可知，在导入阿米巴经营后，巴长们变得能够实时把握工作进度，并亲自制定战略、开展经营。通过采访，我们还得知，纵向及横向层级间的交流沟通亦变得积极频繁。鉴于此，我们打算定量测定上述管理者行为的变化。因此在制作调查问卷时，我们有如下考虑。

金井（1991）将中层管理者的高层次行为分为3类——广义的人类方针活动、广义的目标方针活动、对外活动。且如表5–2所示，高层次行为由低层次行为构成。而低层次行为内包括基本活动和战略·改革方针活动。在前述研究中，对于巴长多样的管理者行为，我们已拥有了基于“基本活动”和“战略·改革方针活动”两方面的认识，因此认定金井的问题项目与我们的问卷调查最为匹配，于是决定加以利用。

但由于金井的原版调查问题多达53项，因此在具体选择问题项目时，我们从中精选了具有代表性的20项。此外，金井的管理者行为项目中虽然还包含了与对外活动相关的内容，但却没有“与下属之间的信息收集·传达”相关联的项目。鉴于此，考虑到巴长的行为特性，我们添加了两个原创的问题项目——“反馈（Q1–21）”“从下属处收集信息（Q1–22）”。至此，金井的Q1–

17~Q1–20 所体现的“对外活动”这种高层次行为内加入了我们原创的 Q1–21 和 Q1–22，所以我们将其内容主题改为更加贴切的“广义的目标方针活动”。而最终的调查问卷便由表 5–3 所示的 22 项问题构成。

表 5–2　管理者的高层次行为与低层次行为之间的关系

高层次行为	低层次行为	活动性质
广义的人类方针活动	关怀	基本活动
	信任积累	战略・改革方针活动
	培养	战略・改革方针活动
广义的目标方针活动	造成压力	基本活动
	方针传达	基本活动
	揭示战略课题	战略・改革方针活动
	营造紧张气氛	战略・改革方针活动
	促进榜样化	战略・改革方针活动
关系网方针活动	创造联动性	战略・改革方针活动
	活用联动性	战略・改革方针活动
	试行改革	战略・改革方针活动

顺便提下，我们的调查与金井的研究一样，并不直接针对巴长本人（本次调查的对象是科长和股长），而是关注其上司的行为（本次调查的主体是部长和科长），围绕导入前和导入后，以“满分 7 分制”的测定标准，

来评价实际结果与记述内容的符合程度，其差值便是导入效果。

在我们看来，导入阿米巴经营后，不仅限于某个特定阶层的巴长行为，其上司的行为亦会发生同样的变化。为下属的行动指明方向是上司的职责之一，由此逆推，倘若科长和股长的行为发生变化，其上司的行为很难不变。此外，把上司的行为作为评分对象，还能排除当事人自我评价时所产生的“过度赞许”等主观偏差。

表 5-3　与管理者行为相关的问题表

	问题内容	高层次	低层次
Q1-1	你的上司重视下属的心情和立场。	广义的人类方针活动	关怀
Q1-2	你的上司能够听取下属的意见。		关怀
Q1-3	你的上司对自身严格要求。		信赖积累
Q1-4	你的上司平时能做到言出必行。		信赖积累
Q1-5	你的上司为了让下属成长而给予积累经验的机会。		培养・促进学习
Q1-6	即便是重要工作，你的上司也会毅然交给下属去做。		培养・促进学习

（续表）

	问题内容	高层次	低层次
Q1–7	你的上司要求下属严守工作完成的期限。	广义的目标方针活动	造成压力
Q1–8	对于一旦决定了的事，你的上司要求下属必须实行。		造成压力
Q1–9	你的上司将各岗位的职责与公司整体的方针和战略挂钩，并不断思考和调整。		揭示战略课题
Q1–10	对于职场课题，你的上司聚焦于少数重点项目。		揭示战略课题
Q1–11	你的上司有时要求下属挑战“似乎不可能完成”的高难度课题。		营造紧张气氛
Q1–12	你的上司要求下属取得优于其他部门和岗位的成果。		营造紧张气氛
Q1–13	你的上司对下属讲述自己在工作中的成功及失败经历。		促进榜样化
Q1–14	你的上司把其他部门和岗位的成功案例作为榜样和典型，告知下属。		促进榜样化
Q1–15	你的上司把公司的经营方针告知下属。		方针传达
Q1–16	你的上司把工作方针告知下属。		方针传达
Q1–17	你的上司具备“叫得动”关联部门和岗位的交涉能力。	广义的关系网方针活动	创造联动性
Q1–18	在请示和申请方面，你的上司能够争取到其上司（即你的上司的上司）的批准许可。		活用联动性
Q1–19	你的上司在工作中不会循规守旧，而是敢于尝新。		试行改革

（续表）

	问题内容	高层次	低层次
Q1-20	你的上司积极实行自己的点子和创意。		试行改革
Q1-21	你的上司经常传达与下属工作评价相关的信息。		反馈
Q1-22	你的上司从下属那里详细收集基层现场的情况。		从下属处收集信息

（2）纵向层级互动

阿米巴经营实行彻底的权限移交，但这并非放任不管。上司对下属所管理的阿米巴实施监控，并以顾问的立场予以适当的建议。之所以能实现这点，靠的是高感度的会计系统，它使得工作现场的情况清晰透明。此外，在日常活动和阿米巴会议中，公司高层会将自身的想法传达给下级。如此一来，负责运营阿米巴的巴长便能够采取“反映高层意图”的适当行动。

在阿米巴会议上，大家彼此进行着高密度的信息交换。高层的想法与自下而上的具体计划相互磋商。如前章所述，在导入阿米巴经营的企业中，高层的想法能够落实到基层，且上下级之间的沟通得以激活。在我们看来，可以把它们统称为“纵向层级互动”。

我们打算以广岛铝工业株式会社为对象，测定导入阿米巴经营是否促进了其纵向层级互动。相关问题项目取自神户大学管理会计研究会曾实施的“成本计划调查”中使用的调查问卷等。为了让广岛铝工业的受访者易于回答，我们还对其进行了若干修改。

表 5–4　与纵向层级互动相关的问题表

	问题内容	明细
Q2–1	充分理解高层的方针。	高层方针落实
Q2–2	为了实现高层的方针，你很清楚你的部门该做什么。	高层方针落实
Q2–3	为了实现高层的方针，你的上司很清楚你的部门该做什么。	高层方针落实
Q2–4	为了实现高层的方针，你会与你的上司探讨对策，从而决定你的部门该做什么。	高层方针落实
Q2–5	你部门的预算和计划（预定）由上级决定，你的意见并不发挥作用。（逆向问题）	现场信息共享
Q2–6	针对你的部门的预算和计划（预定），你的上司会彻底审视你的部门环境，以及设定目标及达成目标的方针等。	现场信息共享
Q2–7	对于你部门既定的预算和计划（预定）等目标，你的上司会严格检查其达成情况。	现场信息共享
Q2–8	在检查目标的达成情况时，你的上司会聆听你的部门内的环境变化及你的相应对策等。	现场信息共享
Q2–9	对于你部门的情况，上司较为了解。	现场信息共享
Q2–10	对于你部门的情况，高层较为了解。	现场信息共享

Q2-1 到 Q2-4 是自上而下的信息传递，即与“高层方针落实”相关。Q2-5 到 Q2-10 是自下而上的信息传递，即在汇报计划等场合，基层情况是否传达至上级。

以“导入前”和“导入后”为时间分界点，以“满分 7 分制”的标准——“完全符合记 1 分”“介于二者之间记 4 分”“完全不符记 7 分”，测定 10 项问题的差值，视为导入效果。[①]

（3）横向层级互动

在阿米巴经营中，各个阿米巴都采取独立核算，即便是相邻工段之间，也会进行买卖交涉。这种交涉行为亦具备交换信息的功能。如此一来，即便是与消费者无直接交集的部门，也能通过“公司内部市场”的商谈，共享市场动向之类的信息。

此外，由于阿米巴组织不具备能够独立决策的经营资源，因此若要提升利润，无论如何都需要与其他阿米巴开展紧密协作。而且进行这种信息交换和协作的不是上司，而正是巴长自身。鉴于这些主要因素，虽说阿米巴组织本身并未被设计成扁平型，但实质上却能够摆脱

---

① 但要注意的是，Q2-5 是逆向问题。要将数字 8 减去回答者的得分，从而得出测定结果。

阶层束缚，开展随机应变的交流沟通，从而激活横向层级间的关系网。通过之前的试点调查亦可知，导入阿米巴经营的企业中，横向层级间的沟通得到改善，巴长之间能够自主地进行人员借调。

表 5–5　与横向层级互动相关的问题表

	问题内容
Q3–1	与你部门的产品相关的顾客需求信息，来自销售部门或下游工段。
Q3–2	与你部门的产品相关的售价动向信息，来自销售部门或下游工段。
Q3–3	与你部门的产品相关的销路信息，来自销售部门或下游工段。
Q3–4	你很清楚“你的部门生产什么、生产多少，才能为公司贡献利润”。
Q3–5	你很清楚“你的部门成本控制在多少，才能为公司贡献利润”。
Q3–6	基于你部门的既有技术，你会向销售部门提议“应该促销哪些产品”。
Q3–7	基于你部门的既有技术，你会向开发部门提议“应该开发怎样的产品”。
Q3–8	基于你部门掌握的市场信息，你会向开发部门提议“应该开发怎样的产品”。

测定广岛铝工业株式会社内部横向层级互动的方式，与测定纵向层级互动的方式相同。换言之，相关问

题项目依然取自神户大学管理会计研究会曾实施的“成本计划调查”中使用的调查问卷，但针对广岛铝工业的实际情况，我们对其进行了修改，最终定下了 8 项问题。Q3–1~Q3–5 与“和其他部门共享信息”相关。尤其是 Q3–4 和 Q3–5，它们有助于理解一个重要问题——“随着信息共享的推进，自己的阿米巴在整个公司里处于何种位置”。Q3–6~Q3–8 则与“向其他部门传达信息”相关，关注的是阿米巴在沟通活动中更为积极主动的角色。

以“导入前”和“导入后”为时间分界点，以“满分 7 分制”的标准——“完全符合记 1 分”“介于二者之间记 4 分”“完全不符记 7 分”，测定问题的差值，视为导入效果。

（4）巴长的意识

导入阿米巴经营后，改变的不仅是纵向和横向的层级互动，还包括巴长的意识。也有人认为，由于阿米巴经营对单位时间核算严格管理，且主张达成具有“伸展性”的高目标，因此恐怕会降低员工的职场满意度。但我们通过定性调查发现，这种高目标反而提升了员工的主观能动性。比如在 SYSTEC，由于被赋予了较大权限，因此巴长们感受到了工作的意义，道出了“工作变得有意思了”的感想，员工与公司的“一体感”开始萌芽。

鉴于此，我们打算测定广岛铝工业的巴长们在导入阿米巴经营后的心理状态变化。神户大学经营学部组织论研究室（1998）曾参照大量行为科学的先行研究成果，提炼出了总计 26 项问题。而在本次调查中，我们将这 26 项问题作为测定标准。项目可细分为“满意度（4 项）”“主观能动性（3 项）”“参与感（7 项）”“主人翁意识（12 项）”。在传统的经营学调查活动中，多数把满意度和主观能动性作为心理层面的成果变量，但上述标准还包括参与感和主人翁意识。而之所以选择该标准，也是由于我们认为其应该能够广泛测定巴长的意识。

与之前同样，我们以“导入前”和“导入后”为时间分界点，以“满分 7 分制”的标准——“完全符合记 1 分”“介于二者之间记 4 分”“完全不符记 7 分”，测定各项问题的差值，视为导入效果。[①]

---

① 但要注意的是，Q4–11，Q4–17，Q4–25 是逆向问题。要将数字 8 减去回答者的得分，从而得出测定结果。

表 5-6 与巴长的意识相关的问题表

	问题内容	明细
Q4-1	希望继续在该职场工作。	满意度
Q4-2	对该职场满意。	满意度
Q4-3	对职场的人际关系满意。	满意度
Q4-4	认为自己在工作中成长。	满意度
Q4-5	由于过于热衷工作，经常觉得工作时间不知不觉就过去了。	主观能动性
Q4-6	对自己的工作充满热情。	主观能动性
Q4-7	在工作中碰到困难和问题时，会努力克服它们。	主观能动性
Q4-8	之所以在该公司工作，是因为得到相应的回报。	参与感
Q4-9	自己已经认定该公司，不会再去其他公司工作。	参与感
Q4-10	身为该公司员工，感到自豪。	参与感
Q4-11	在该公司工作，感到丢脸。（逆向问题）	参与感
Q4-12	对该公司有感情。	参与感
Q4-13	对于该公司面对的问题能感同身受，如同自己的问题一般。	参与感
Q4-14	该公司的经营理念对自己很重要。	参与感
Q4-15	在计划做某事时，我有信心获得必要的支援。	主人翁意识
Q4-16	我觉得能够通过自己的努力来改变职场氛围。	主人翁意识
Q4-17	我觉得自己在被迫从事和担当不适应自己的工作和职务。（逆向问题）	主人翁意识

（续表）

	问题内容	明细
Q4–18	我充满变革的热情和能量。	主人翁意识
Q4–19	我的工作在让自己的职场和公司变得更好。	主人翁意识
Q4–20	我切实感到自己是该公司变革活动中需要的人才。	主人翁意识
Q4–21	在工作中，我体会到意义和充实感。	主人翁意识
Q4–22	我能够做好自己的工作。	主人翁意识
Q4–23	我做的工作是自己喜欢的。	主人翁意识
Q4–24	我对自己的能力抱有绝对自信。	主人翁意识
Q4–25	我身心俱疲，精力耗尽。（逆向问题）	主人翁意识
Q4–26	我有自信在公司里继续活跃下去。	主人翁意识

（5）业绩

当企业计划导入某个特定的管理系统时，势必对业绩层面的提升效果怀有期待。而通过实施“建立无数微小利润中心”的阿米巴经营，可以想象，巴长对于利润和成本的意识必然会提高。从 SYSTEC 的事例亦可知，

（导入后）其单位时间核算值急剧提升。再加上资材和服务的买卖在交涉的基础上进行，等于是将阿米巴之间的关系定位为“内部客户”的关系。至此，它们彼此间的讨论内容不仅限于价格，还包括品质、交货期，以及如何敏锐应对市场和技术动向等，结果导致这些方面都会被改善。而在对广岛铝工业的调查中，我们打算定量把握这种业绩层面的变化。

测定业绩的标准是我们开发的“原创成果”。基于阿米巴经营的试点调查结果，我们设定了六大导入效果——“对市场变化的敏锐应对”“对技术变化的敏锐应对”“削减成本”“改善品质”“严守交货期”“贡献利润”，并各通过 1 个问题项目对它们进行测定。

测定业绩的方式与前面测定“管理者行为”“纵向层级互动”“横向层级互动”“巴长的意识”的方式不同。比如“变得能够敏锐应对市场变化”这个问题，着眼的是“变化”本身。与之相对，在测定纵向层级互动时，有个问题是“充分理解高层的方针”，它只着眼于导入前和导入后的时间点内的“状态”，并将差值视为导入效果。可见二者明显不同。

之所以在测定业绩时采取这种方式，是因为诸如交货期、品质和利润等业绩指标越好，对它们的评价自然也越高。换言之，它们自身便包含了价值判断。此外，这些指标的好坏，还在很大程度上受到事先设定的目标水准的影响。不仅如此，不管自己公司的改善活动多么到位，倘若竞争对手的改善活动做得更好，则自身相对的评价结果就会被拉低。像这样，由于企业和部门深受所处外部环境的影响，单纯询问“状态”就变得很难。既然如此，我们便决定通过问卷调查来弄清导入前后的“变化”。这种较为简单明了的方式，也能够避免招来受访者的误会。

针对“导入后的变化”，我们以“满分 7 分制”的标准——“完全符合记 1 分”“介于二者之间记 4 分”“完全不符记 7 分”，测定各项问题的分数，视为导入效果。

表 5–7 与业绩相关的问题表

	问题项目
Q5–1	变得能够敏锐应对市场变化。
Q5–2	变得能够敏锐应对技术变化。
Q5–3	变得能够大幅削减成本。
Q5–4	品质大幅提升。
Q5–5	变得能够严守交货期。
Q5–6	变得能为公司贡献大量利润。

关于测定业绩的方式，还有一点必须注意，那就是我们对业绩的量化结果。我们并未使用诸如利润额、良率、交货期遵守率等实际数据，而是基于巴长的认知层面，测定他们的回答与问题记述内容的符合程度。至于理由，是因为在现实中，基于各阿米巴共通数值标准的数据并不存在。实际数值汇集了经济环境、政策判断、技术进步等因素，若用于测定阿米巴经营的导入效果，则误差要素过多，因此不适合作为指标。

第 4 节　问卷调查结果

接下来分析问卷调查的结果。如第 1 节所述，在完成问卷调查后，我们再度访问广岛铝工业株式会社，并与管理部门人员和基层巴长一起对结果进行了探讨。在解读结果时，为了避免研究者陷入“主观独断”的陷阱，我们以讨论的方式，收集各方意见，进而开展分析。

(1) 与管理者行为相关的问卷调查结果

在前面提到，我们的问题项目主要选自金井（1991）开发的“管理者行为问题项目”，加上我们的原创问题，总计 22 项。按照演绎法，我们设定了如表 5–3 所示的 13 个行为层次。而在进行分析之前，我们有必要确定广岛铝工业巴长的回答是否体现了这些层次[①]。换言之，为了检查构成概念的合理性，我们要进行主成分分析，进而重建测定标准[②]。我们知道，在 Varimax（最大方差正交旋转法）后的因子载荷量中，当设定 3 组因子时，如果导入前后的分值因子模型一致，则理论上便是最为贴切的行为层次[③]。

第 1 组因子由以下 5 个项目构成。

Q1-3	你的上司对自身严格要求。(.804/.758)[④]
Q1-4	你的上司平时能做到言出必行。(.818/.807)
Q1-5	你的上司为了让下属成长而给予积累经验的机会。(.730/.712)
Q1-6	即便是重要工作，你的上司也会毅然交给下属去做。(.858/.821)
Q1-10	对于职场课题，你的上司聚焦于少数重点项目。(.817/.761)

---

① 该管理者行为的测定标准属于比较新的研究产物。在之前的既有研究中，并未被大量采用。北居（1995）和神户大学经营学部组织论研究室（1998）是较早采用该标准的先行者。

② 首先，对于导入前和导入后的分值，以“不事先设想因子数”的方式进行主成分分析，选择固有值超过 1 的因子。但由于导入前和导入后的因数模型不同，我们便一边剔除因子载荷量较低的问题项目以及无法通过理论解释的问题项目，一边改变因子数，从而反复进行主成分分析。

③ 至于此三因子的累积分摊比率，导入前为 77.1%，导入后为 76.7%。至于克朗巴哈系数（Cronbach’s α），第 1 组因子为（.898），第 2 组因子为（.915），第 3 组因子为（.723）。

④ （ ）内为导入前及导入后的分值的因子载荷量。

这些问题项目都关乎“上司在日常工作中如何对待下属”。如果上司对自己严格要求，做到言出必行，则能提升下属对自己的信赖。至于“为了让下属成长，将重要工作交给下属去做，让下属积累经验”，在演绎法中可将其归为“促进学习”，而对下属而言，上司如此愿意培养自己，自然对其心生尊敬。

基于演绎法，Q1–3~Q1–6 这 4 项属于“广义的人类方针活动”。但要注意的是，当初设想为“广义的目标方针活动”的 Q1~Q10 皆属于第 1 组因子。比如原本归入“揭示战略课题”的项目，其为典型的低层次活动，但对忙于繁杂工作而焦头烂额的下属而言，如果上司能基于战略，为下属的职责内容定下优先顺序，则下属便会觉得上司“靠得住”，可谓提升信赖的管理者行为。鉴于此，我们并不过度执着于演绎法层面，而是灵活地解读这些问题项目的意义内涵，将这第 1 组因子命名为“建立信任关系”。

回过头来看，第 2 章中的文献回顾也好，第 4 章中对于京瓷案例的学习也好，都指出了一个共同点——构建上司与下属之间的信赖关系，是放权化的关键之一。而在本次问卷调查中，我们将“建立信任关系”作为独立的行为层次，并将其提取出来。通过导入放权型的经营手法——阿米巴经营，是否促进了“建立信任关系”这一行为层次？能够测定它，可谓意义重大。

第2组因子由以下3个项目构成。

Q1–17	你的上司具备“叫得动”关联部门和岗位的交涉能力。(.800/.831)
Q1–18	在请示和申请方面，你的上司能够争取到其上司（即你的上司的上司）的批准许可。(.878/.825)
Q1–22	你的上司从下属那里详细收集基层现场的情况。(.858/.818)

它们是与关系网相关的活动。执行既定事务时，关系网并不太重要。但在巴长实践自己的创意、推进未知的项目时，就需要与相关部门和上司展开交涉，并说服他们。此外，若想实施机动灵活的项目计划，就必须事先收集基层的最新信息。基于演绎法，这3项属于“广义的关系网方针活动”。而我们将这第2组因子命名为“关系网”。

第3组因子由以下2个项目构成。

Q1–7	你的上司要求下属严守工作完成的期限。(.715/.840)。
Q1–12	你的上司要求下属取得优于其他部门和岗位的成果。(.834/.756)

基于演绎法，这2项属于“广义的目标方针活动”。

为了达成目标而设定高标准，给予职场以“紧张感”，呈现的是“严肃严格”的巴长形象。而我们将这第3组因子命名为“追求高成果”。

顺便提下，我们当初之所以将金井（1991）的问题项目用于本研究，旨在测定多样的管理者行为。但纵观结果，在我们的原创调查中，只提取出了与3类高层次行为几乎对应的3组因子，难以称为“能确定多样性的测定标准”。话虽如此，但由于我们明白各项问题原本所代表的低层次行为，因此在分析结果时，我们打算将这种低层次行为的意义内涵考虑在内，从而分析行为层次的多样性。

对于提取出的3类层次，我们检验其导入前后之间是否存在有意义的差值（参照表5–8）。

结果表明，在导入阿米巴经营后，包括全体回答者（包括PC、NPC、科长和股长）在内，其3类管理者行为层次中的所有内容皆有显著改善。

先看“追求高成果”，祇园工厂生产科在导入阿米巴经营后，利用手头的数据，以周次频度检查计划的实际完成情况。第1生产股和第2生产股是相邻工段，必须紧密协作。可即便如此，伊藤科长依然明确指出“（二者）应该引入竞争原理”。当然，鉴于所负责的工作内容不同，并非主张“唯核算结果论”。实际上，包括改良提案和生产性方面在内，上述两个股之间展开了良性竞争。

表 5–8　导入效果(管理者行为)

	平均值的差	N	标准偏差	t
建立信任关系				
PC	0.4171	35	0.5988	4.1216***
NPC	0.2533	30	0.3481	3.9857***
科长	0.4143	14	0.7665	2.0224*
股长	0.3216	51	0.4100	5.6007***
合计	0.3415	65	0.5021	5.4836***
关系网				
PC	0.5429	35	0.8208	3.9126***
NPC	0.3333	32	0.6667	2.8284**
科长	0.6190	14	1.1083	2.0899*
股长	0.3962	53	0.6340	4.5498***
合计	0.4428	67	0.7530	4.8134***
追求高成果				
PC	0.5588	34	0.5332	6.1110***
NPC	0.3594	32	0.6252	3.2516**
科长	0.3929	14	0.4875	3.0154**
股长	0.4808	52	0.6101	5.6829***
合计	0.4621	64	0.5838	6.4305***

（注）统计的显著性差异（p）: $p^{***}<0.001$; $p^{**}<0.01$; $p^{*}<0.05$。

接下来想分析一下“关系网”。该公司每周进行的业绩考核固然有“施加压力，促成目标”的一面，但同时也包含“收集现场信息”的目的。我们通过采访亦知，有时整个科会出面，去和销售或技术部门等进行交涉。在阿米巴经营中，单个阿米巴的组织规模较小，且不具备充分的权力和经营资源，因此巴长必须巧妙建立关系网，动员上级。

至于“建立信任关系”这一行为层次，在导入阿米巴经营后亦得以改善。说到底，有关管理者行为的问题项目，其涉及的对象都是回答者的上司。因此回答结果体现了科长和股长一级的员工对于自己的直属上司（部长和科长一级）的评价，包括“言出必行”和“自我严格要求”。另一方面，回答亦反映了上司对下属“委以重任”“热心培养”的态度。

而在参观祇园工厂时，生产科长伊藤先生、股长加谷先生和股长砂古先生的话语亦佐证了上述调查结果。他们介绍道“通过导入阿米巴经营，上级赋予了自己相当大的定夺权”。至于对重点课题的聚焦，伊藤科长说自己“会提前 3~4 个月，制定整个科的重点课题”，并每月对其“麾下”的 2 名股长下达计划任务，但亦对他们予以一定的决定权。比如“针对大幅增加的订单，是在工作日加班加点，还是周末继续上班，则交由股长定夺”。

但若一味追求高成果，可能会让下属感到疲惫，进而有损害彼此信赖关系之虞。但在广岛铝工业的案例中，二者却皆有改善，这一点值得关注。因为二者看似矛盾，但其实确有关联——对下属而言，正因为信赖上司的能力，才会甘愿为上司努力奋斗。反过来说，对下属不严格的上司，其做出的指示亦难以取得较大成果，于是难以获得下属的信赖。

如第 4 章对京瓷案例的介绍中所述，阿米巴经营的最终目的是“培养具备企业家素养的巴长”。要想率领自己的阿米巴发展成长，仅凭小谋小策并不够。必须将阿米巴视为“属于自己的企业”，以这种企业家意识去管理运营。阿米巴经营一边追求高成果，一边建立信任关系。因此该管理系统要求高层次的领导才能，包括全方位的经营能力和人格修养。本次问卷调查从“3 类层次”的角度测定了管理者行为，发现它们在导入阿米巴经营后皆有所改善。由此可见，即便在京瓷之外的其他企业，阿米巴经营依然能发挥均衡的作用，有效培养具备企业家素养的巴长。

不仅如此，作为测定对象的管理者中，有不少已经在该公司工作了10年以上，深受其组织特有的文化水土的浸染。一般来说，这种人的意识根深蒂固，较难转变。可在导入阿米巴经营后，仅仅过了大约1年，连他们的日常行为模式也为之改变。这点亦值得关注。

（2）与纵向层级互动相关的问卷调查结果

对于纵向层级互动，为了检查构成概念的合理性，我们亦进行主成分分析，检查Varimax（最大方差正交旋转法）后的因子载荷量。由结果得知，按照演绎法设想的那样，当因子定为“高层方针落实”和“现场信息共享”这2项时，便构成了最为贴切的行为层次。[①]

第1组因子“高层方针落实”由以下4个项目构成。

Q2–1	充分理解高层的方针。（.740/.761）
Q2–2	为了实现高层的方针，你很清楚你的部门该做什么。（.884/.903）
Q2–3	为了实现高层的方针，你的上司很清楚你的部门该做什么。（.659/.761）
Q2–4	为了实现高层的方针，你会与你的上司探讨对策，从而决定你的部门该做什么。（.730/.670）

① 至于此二因子的累积分摊比率，导入前为55.3%，导入后为52.27%。至于克朗巴哈系数（Cronbach’s α），第1组因子为（.838），第2组因子为（.739）。

第 2 组因子“现场信息共享”由以下 4 个项目构成。

Q2-5	你的部门的预算和计划（预定）由上级决定，你的意见并不发挥作用。（逆向问题）（.534/.648）
Q2-6	针对你的部门的预算和计划（预定），你的上司会彻底审视你的部门的环境，以及设定目标及达成目标的方针等。（.861/.722）
Q2-7	对于你的部门既定的预算和计划（预定）等目标，你的上司会严格检查其达成情况。（.850/.627）
Q2-8	在检查目标的达成情况时，你的上司会聆听你的部门内的环境变化及你的相应对策等。（.837/.709）

与对管理者行为的处理流程相同，对于提取出的 2 类层次，我们检验其导入前后之间是否存在有意义的差值（参照表 5–9）。

表 5–9　导入效果（纵向层级互动）

	平均值的差	N	标准偏差	t
高层方针落实				
PC	0.8750	36	0.6050	8.6771***
NPC	0.9516	31	0.6501	8.1505***
科长	1.1000	15	0.8494	5.0158***
股长	0.8558	52	0.5386	11.4581***
合计	0.9104	67	0.6226	11.9688***
现场信息共享				
PC	0.7143	35	0.6783	6.2300***

（续表）

	平均值的差	N	标准偏差	t
NPC	0.9032	31	0.7791	6.4549***
科长	0.7857	14	0.7196	4.0853***
股长	0.8077	52	0.7370	7.9027***
合计	0.8030	66	0.7279	8.9626***

（注）统计的显著性差异（p）: $p^{***}<0.001$; $p^{**}<0.01$; $p^{*}<0.05$。

包括PC、NPC、科长和股长在内的所有受访回答者，其回答结果皆显示，在导入阿米巴经营后，这两类行为层次有所改善。

而我们之后的跟进调查中，也收集到了能够佐证“高层方针落实”分值在导入后得以改善的数据。广岛铝工业与京瓷一样，将阿米巴经营定位为整个公司的中枢经营系统。在制订年度计划时，首先揭示社长方针。而在每月举行的全公司阿米巴会议和各部门召开的迷你阿米巴会议上，社长和董事会干部皆会出席。通过这样的机会，将公司高层的目标落地至各级员工，因此科长和股长也清楚高层的想法，且意识到自己为了实现它而应该怎么做。对此，砂古股长感言道：“通过定期例会，大家做到了思想统一。”但我们也听到了其他意见——“在（这次的受访回答者）科长和股长下一级的员工中，高层的想法和意图还未能充分落地。”这究竟只限于受访者所在的职场，还是整个公司普遍存在的问题？凭借我们本次的调查结果，并无法做出判断。

至于“现场信息共享”在导入阿米巴经营后得以改善，将该结果与相关问题项目对照，可以解读为“其反映了该企业已经能够通过单位时间核算来检查现场成果，从而致力于达成预计目标额”。此外，其中作为基点的目标值并非自上而下强推的绩效要求，而是基层组织自身通过各种改进对策，最终制定而成的“来自现场的数字”。据加谷股长介绍，在确定股的计划额时，会与伊藤科长进行 2~3 次磋商。

当然，广岛铝工业原先就具备“自上而下”及“自下而上”的信息沟通机制，但在导入阿米巴经营后，该机制得以进一步促进。不但高层的想法进一步落地至基层，基层的巴长们也能向上级表明自己的意愿，比如“希望如何经营自己的阿米巴”。伊藤科长指出：“（由于拥有了‘单位时间核算’这种好用的工具），高层和基层能够凭借相同的数字，进行双向沟通。”该公司员工的提案数量之所以增加，其原因之一便是这种“纵向层级互动的活跃化”。

（3）与横向层级互动相关的问卷调查结果

对于横向层级互动，我们亦进行主成分分析，按照演绎法设想的那样，我们提取出了“横向层级信息共享”和“横向层级信息发布”这 2 项低层次行为因子。[①]

第 1 组因子“横向层级信息共享”由以下 5 个项目构成。

Q3–1	与你的部门的产品相关的顾客需求信息，来自销售部门或下游工段。（.662/.811）
Q3–2	与你的部门的产品相关的售价动向信息，来自销售部门或下游工段。（.684/.622）
Q3–3	与你的部门的产品相关的销路信息，来自销售部门或下游工段。（.794/.745）
Q3–4	你很清楚“你的部门生产什么、生产多少，才能为公司贡献利润”。（.844/.858）
Q3–5	你很清楚“你的部门成本控制在多少，才能为公司贡献利润”。（.825/.851）

第 2 组因子“横向层级信息发布”由以下 3 个项目构成。

---

① 至于此二因子的累积分摊比率，导入前为 57.13%，导入后为 60.3%。至于克朗巴哈系数（Cronbach’s α），第 1 组因子为（.876），第 2 组因子为（.913）。

Q3–6	基于你的部门的既有技术，你会向销售部门提议“应该促销哪些产品”。(.855/.846)
Q3–7	基于你的部门的既有技术，你会向开发部门提议“应该开发怎样的产品”。(.936/.920)
Q3–8	基于你的部门掌握的市场信息，你会向开发部门提议“应该开发怎样的产品”。(.928/.921)

对于提取出的2类层次，我们检验其导入前后之间是否存在有意义的差值（参照表5–10）。

包括PC、NPC、科长和股长在内的所有受访回答者，其回答结果皆显示，在导入阿米巴经营后，这2类行为层次有所改善。

由此可见，在导入阿米巴经营后，工段之间“共享信息”的良好风气开始形成。以祇园工厂为例，当铸造工段估计良率会增加时，便会提前向其下游的涂装工段“打招呼”，询问其“涂料是否充足”，从而做到防患于未然。

而且这种横向层级互动并不只限于“相邻工段”这种狭隘的范围。在导入阿米巴经营之前，生产部门作为成本中心，其“销售额”属于“无法管理”的部分，因此不被列入业绩考核对象。但在成为利润中心后，“销售额”便属于责任范围，其变动会影响业绩。在第4章中也介绍过，京瓷有句话叫“利润由生产部门创造”。即把销售额亦视为生产部门的责任，并要求其予以管理。至于由此而生的两难问题，则依靠领导才能、共享思维方式，以及交流沟通等来克服。

表 5–10 导入效果(横向层级互动)

	平均值的差	N	标准偏差	t
横向层级信息共享				
PC	0.8686	35	0.8457	6.0763***
NPC	0.6276	29	0.6667	2.9142**
科长	1.4143	14	1.0060	5.2601***
股长	0.5760	50	0.9264	4.3966***
合计	0.7594	64	0.9992	6.0801***
横向层级信息发布				
PC	0.3333	35		2.9580**
NPC	0.2644	29	0.5224	2.7255**
科长	0.5476	14	0.9021	2.2714*
股长	0.2333	50	0.4774	3.4562***
合计	0.3021	64	0.6019	4.0148***

（注）统计的显著性差异（p）: p***<0.001; p**<0.01; p*<0.05。

广岛铝工业亦是如此。不管生产部门多么努力地降低成本，倘若产品卖不出去，生产阿米巴便无法赢利。

正因为如此，公司在刚导入阿米巴经营时，生产部门时常表示不满——“都怪销售部门完不成销售计划，害得我们的核算数字被拖后腿”。但后来通过每月1次的会议，生产部门或与开发部门，或与销售部门和分销商聚在一起讨论，使得生产部门的心声得以传达。而随着对阿米巴经营的逐渐习惯，生产部门愈发积极地在会议上提出要求。比如“为了减少未完成品的数量，希望（你们销售部门）提高销售预测的精确度”等。不仅如此，生产部门还为技术部门出点子。比如“何不推出使用新研磨工艺的产品”。此外，生产部门还与生产技术部门进行交流，围绕“为了提高生产性而变更机器设备配置”之类的课题，展开讨论。

在导入阿米巴经营后，广岛铝工业的许多部门都开始举办这种“跨职能范畴”的沟通会议。由此使得组织之间的壁垒不再顽固，不同职责部门之间的对话得以增加。至此，横向层级信息共享的水平进一步提高，甚至达到了横向层级信息发布的境界。而通过采访，进一步佐证了我们问卷调查结果的正确性——“横向层级信息共享”“横向层级信息发布”皆得到促进。

（4）与巴长的意识相关的问卷调查结果

对于巴长的意识，为了检查构成概念的合理性，我们亦进行主成分分析。在演绎法设想中，我们设定了“满意度”“主观能动性”“参与感”“主人翁意识”这4项。但通过参照Varimax（最大方差正交旋转法）后的因子载荷量，加上对问题内容的再次审视，我们得知，当因子定为“主人翁意识”和“满意度”这2项时，便构成了最为贴切的行为层次。[①]

第1组因子由以下6个项目构成。

Q4-6	对自己的工作充满热情。（.549/.661）
Q4-7	在工作中碰到困难和问题时，会努力克服它们。（.750/.607）
Q4-18	我充满变革的热情和能量。（.763/.797）
Q4-19	我的工作在让自己的职场和公司变得更好。（.777/.834）
Q4-20	我切实感到自己是该公司变革活动中需要的人才。（.827/.780）
Q4-21	在工作中，我体会到意义和充实感。（.767/.659）

Q4-18~Q4-21是与主人翁意识相关的问题项目。主人翁意识来源于放权化，而放权化即通过赋予较大权限，

① 至于此二因子的累积分摊比率，导入前为65.0%，导入后为64.0%。至于克朗巴哈系数（Cronbach’s α），第1组因子为（.863），第2组因子为（.791）。

使负责人获得勇气和干劲，从而积极进行尝试和挑战。与之相对，Q4–6和Q4–7是测定主观能动性的问题项目。但其并非单纯测定对被分配的工作“遵照实施”的执行态度和意愿，而是更偏重于反映在被充分赋予权限的基础上，相关负责人发挥创意的程度，以及是否具备自视为“企业家”的积极态度。这与主人翁意识一脉相承。鉴于此，我们将这6个问题项目命名为“主人翁意识”，视为1类行为层次。

第2组因子“满意度”由以下3个项目构成。

Q4–1	希望继续在该职场工作。(.830/.731)
Q4–2	对该职场满意。(.862/.880)
Q4–3	对职场的人际关系满意。(.814/.737)

表5–11　导入效果(巴长的意识)

	平均值的差	N	标准偏差	t
主人翁意识				
PC	0.4461	34	0.5516	4.7156***
NPC	0.1979	32	0.2977	3.7614**
科长	0.4881	14	0.5369	3.4013**
股长	0.2821	52	0.4335	4.6915***
合计	0.3258	66	0.4608	5.7432***
满意度				

（续表）

	平均值的差	N	标准偏差	t
PC	0.1905	35	0.6172	1.8257*
NPC	0.0625	32	0.7055	0.5011
科长	0.2667	15	0.5375	1.9215*
股长	0.0897	52	0.6890	0.9385
合计	0.1249	67	0.6589	1.6068

（注）统计的显著性差异（p）: $p^{***}<0.001$; $p^{**}<0.01$; $p^{*}<0.05$。

对于这2类层次，我们检验其导入前后之间是否存在有意义的差值。如表5–11所示，对于“主人翁意识”，包括PC、NPC、科长和股长在内的所有受访回答者，其回答结果皆显示，在导入阿米巴经营后，该行为层次有所改善。至于“满意度”，在平均值层面可谓得到了全面改善，但只有PC巴长的回答具备有意义的差值。而在阶层层面，则只有科长一级的回答具备有意义的差值。

让我们先探讨“主人翁意识”这一行为层次的相关结果。之前已反复强调过，随着导入阿米巴经营，巴长的责任分量和范围显著增加，且自身的努力结果会如实反映在数字上。在我们对他们的采访中，也听到了“感受到了工作意义”之类的积极感想。

但反过来看，正是因为他们能够在被委以重任时意气风发、发挥才能，所以才会被选为巴长。这么一想，调查所得的结果或许是理所当然。而伊藤科长和砂古股长也曾说“在从事一线作业的员工中，有的还不适应原有模式向阿米巴经营的转变，因此难以鼓起干劲”……如此看来，假如对巴长的下属直接开展相同的问卷调查，就不知道是否会得到相同的结果了。目前我们可以下的结论是，在广岛铝工业株式会社，至少科长和股长一级的巴长的“主人翁意识”这一行为层次有所改善。至于从事一线作业员工的意识变化，则需要在今后做进一步调查。

而在后来的跟进调查中，有受访者反映“（与原先业绩就不错的阿米巴相比），开始业绩不佳的部门和岗位，后来的主观能动性反而更高”。这或许是一种与SYSTEC不同的情况。SYSTEC在导入后的较早阶段取得成功，从而提升了阿米巴经营的意识。

本次问卷调查未能明确弄清“满意度”的问题。即在导入阿米巴经营后，巴长对职场的“满意度”是否真有所改善，这仍然无法确定。尤其是NPC及股长的平均值，其导入前后的差值不到0.1。究其原因，可以有如下几种解释。

第1种：当我们向受访者展示调查结果并询问时，有受访者答道：“因为既定目标必须达成，所以实施阿米巴系统绝对不轻松。”砂古股长也说，在刚导入阿米巴经营时，自己的阿米巴曾创造过539日元的“最差月度单位时间核算额记录”，当时感到十分丢脸。此外，还有受访者反映，在“从事作业的基层员工中”，或许有感到不满的人。由此可见，随着导入阿米巴经营，责任更重的巴长会感到压力，可能会积累焦虑等负面情绪。从这一点来看，导入阿米巴经营也许并不能提升员工对自身职务的满意度。

第2种：对于为何NPC在导入前后未见有意义的差值，四方董事有不同解释。他说：“在导入阿米巴经营前，NPC的满意度已经处于高水准，因此在导入后变化不大。”若基于该理论，则PC对于职务满意度之所以有较大变化，则是由于其在导入前的满意度水准较低。换言之，在导入阿米巴经营后，PC和NPC的职务满意度皆处于高位。鉴于我们的调查问卷，该解释亦有充分的成立理由。于是我们再次审视数据，探讨四方董事的见解，但未能找到能够佐证它的证据。[①] 话说回来，四

---

① 原生数据中的各项目平均值如下（以“满分7分制”的标准，分数越低，则满意度越高）。PC（导入前3.27→导入后3.08），NPC（导入前3.59→导入后3.53）。换言之，不管是导入前还是导入后，都是PC的满意度更高。但该结果无法排除PC和NPC的回答者主观倾向偏差等影响，因此只能用作参考。

方董事平日与各巴长接触，且亲自参与了阿米巴经营的推进工作，因此我们无法贸然否定他的见解。

第 3 种：股长和 NPC 的满意度之所以不高，是因为他们未能获得充分的定夺权，因此难以在工作中获得成就感和“游戏通关般的乐趣”。因为在广岛铝工业，正式成为阿米巴的是科长一级。股长的工作内容很可能限于“辅佐科长”。至于 NPC，在导入前后皆保持为成本中心，并无实质变化。与之相对，科长全权负责阿米巴的经营工作，相关部门由于转变为 PC（利润中心），因此其目标也从“降低成本”拓展为“赚取利润”。其工作或许不易，但一旦达成目标，其喜悦也无与伦比。

如果按照第 1 种解释，即满意度不高是由于“工作艰巨辛苦”，则像科长和 PC 这种必须承担更多责任、接受严峻任务的角色应该呈现更低的满意度。可实际结果显示，科长和 PC 的满意度获得改善，反而是股长和 NPC 的满意度提升不明显。由此可见，较为合理的是第 3 种解释。即股长和 NPC 由于体会不到阿米巴经营特有的“源于自由定夺权的游戏乐趣”，因此自我实现的愿望无法得到充分满足。[1]

无论如何，员工对工作的满意度自然是越高越好。而在弄清究竟哪种解释更为正确后，一旦判明实际满意度确实不高，则需要采取对策，从而提高股长及 NPC 的满意度。目前，我们无法进一步探讨究竟哪种解释最为有力，因此想将其保留为今后研究中的课题。

（5）与业绩相关的问卷调查结果

业绩通过表 5-12 中的 6 类行为层次，各以 1 个问题来测定。结果如表 5-12 所示，在导入阿米巴经营后，包括回答者全体（包括 PC、NPC、科长和股长）在内，这 6 类行为层次的平均值皆有所改善。但唯独负责 NPC 的巴长较为特殊——在所有时限内，其都未能呈现具有意义的统计差值。这是由于 NPC 部门负责的是生产间接业务，其工作内容未能与我们的测定指标相整合。换言之，这是调查问卷的设计缺陷，并非与阿米巴导入效果相关的本质问题。鉴于此，在以下对调查结果的解读中，我们不会提及 NPC 部门的分值。

---

① 但在我们的采访调查中，并未能从受访者口中获得支持这第 3 种解释的信息和言语。

表 5-12　导入效果(业绩)

	平均值的差	N	标准偏差	t
对市场变化的敏锐应对				
PC	0.9143	35	0.7425	7.2851***
NPC	0.3125	32	1.1483	1.5395
科长	1.2000	15	0.8619	5.3923***
股长	0.4615	52	0.9794	3.3981***
合计	0.6269	67	0.9975	5.1439***
对技术变化的敏锐应对				
PC	0.7714	35	0.8075	5.6516***
NPC	0.3438	32	1.3821	1.4069
科长	0.8667	15	0.8338	4.0256***
股长	0.4808	52	1.1962	2.8981**
合计	0.5672	67	1.1312	4.1042***
削减成本				
PC	0.7143	35	0.9873	4.2801***
NPC	0.1563	32	1.2210	0.7239
科长	0.8667	15	0.7432	4.5162***
股长	0.3269	52	1.2000	1.9645*
合计	0.4478	67	1.1320	3.2378***
改善品质				
PC	0.5429	35	1.1464	2.8014**
NPC	0.1250	32	1.2378	0.5712
科长	0.6000	15	1.0556	2.2014*

（续表）

	平均值的差	N	标准偏差	t
股长	0.2692	52	1.2385	1.5676*
合计	0.3433	67	1.2004	2.3408**
严守交货期				
PC	0.9714	35	1.2715	4.5918***
NPC	0.3750	32	1.3619	1.5576
科长	1.1333	15	1.3020	3.3712**
股长	0.5577	52	1.3345	3.0134**
合计	0.6866	67	1.3395	4.1955***
贡献利润				
PC	1.0000	35	1.2127	4.8785***
NPC	0.2813	32	1.3010	1.2229
科长	1.3333	15	0.7237	7.1351***
股长	0.4615	52	1.3643	2.4395**
合计	0.6567	67	1.2975	4.1431***

（注）统计的显著性差异（p）: $p^{***}<0.001$; $p^{**}<0.01$; $p^{*}<0.05$。

关于“对市场变化的敏锐应对”是否得到改善，其预测难度较大。从积极效果出发，阿米巴经营使得生产部门亦担负起销售的责任，因此如前章所述，在SYSTEC的案例中，为了尽量提升业绩，生产部门会主动向销售部门施加影响。但另一方面，在广岛铝工业株式会社，即便阿米巴之间无法内部交易达成共识，卖方也无权去企业外部找买家。换言之，由于阿米巴并不具备否决权，因此与外部市场的联系较弱。鉴于此，在导入阿米巴经营后，该项目存在“无甚变化”的可能。可结果显示，在导入阿米巴经营后，该项目的分值有所改善。这说明上述“积极效果”的影响可能起到了相对较大的作用。

接下来分析“严守交货期”。前面提到，与“横向层级互动”相关的行为层次在导入后得以改善。由此可知，生产与销售之间的联系和协作变得密切。在祇园工厂，负责铝锅生产的伊藤科长也介绍道：“与以前相比，市场信息的反馈迅速多了。”比如“高单价的产品不再存在”“冬天锅的销量会增加”等，对市场动向实现了“可视化”。而一旦实现“可视化”，自然能够采取相应的对策。为了迎合市场的急剧变化，他们付出了诸多努力，例如精简不必要的作业，缩短生产所耗费的时间。

而且在阿米巴经营中，自己下游的工段等于是内部客户。据加谷股长介绍，在（导入阿米巴经营）以前，一切生产活动皆以“自身方便”为优先，有时会擅自延后出货计划，有时又会为了赶出货而超前生产一大堆。可如今，自己下游的工段成了内部客户，自然不能再为了自己方便而给对方添麻烦。此外，下游工段对交货期的要求也比以前要严格，一旦未能按时交货，对方立即会来投诉抱怨。换言之，一种排除了主观私情的部门间关系得以建立。而“严守交货期”的分值之所以得以改善，正是上述改革的成果体现。

而在品质方面亦是如此。下游工段是内部客户，自然不能将残次品交付给他们。在阿米巴经营中，残次品只能“自我消化”。当然，相关损失计入成本，因此会影响核算业绩。对此，加谷股长介绍道：“（这使得）每名从事作业的员工具备了（提升品质的）意识。”可见，“改善品质”的分值结果亦不奇怪。

如第 1 节所述，广岛铝工业株式会社之所以导入阿米巴经营，其最大的目的是“削减成本，提高利润”。哪怕销售额在将来无望大幅增加，也能通过让企业具备“低成本运营体质”，来实现较好的盈利水平。虽然我们无法查看其实际成本和利润额[①]，但通过本次问卷调查可知，“削减成本”和“贡献利润”的分值有了显著改善。而在我们的跟进调查中，围绕“成本意识”和“利润意识”，我们听取了巴长们的意见。

首先，在导入阿米巴经营之前，不管是成本意识

① 广岛铝工业株式会社的股份并不公开。

还是利润意识，起码要科长以上级别的干部才具备。即便开展削减成本的活动，也只针对特定项目而已，比如“节约用电”之类。至于累计各项开支，削减整体成本之类，则之前无人考虑过。此外，伊藤科长还介绍道：“在导入阿米巴经营前，我们以 TPM 活动为中心。（与核算相比）优先考核运转率。而现在，单位时间核算已经作为管理指标而深入人心，因此大家都会思考如何优化成本和时间，从而提高利润。”

在采访中，广岛铝工业还向我们介绍了其特有的管理手法——核算模拟。比如“每削减（增加）100 小时的作业时间，或者每削减（增加）100 万日元成本，单位时间核算额会增加（减少）多少日元”。如今，公司从高层领导至基层巴长，全员都具备这样的意识，在会议上也会频繁讨论该问题。伊藤科长也说自己养成了这样的习惯，会思考“要想达成 ×× 日元的单位时间核算额，作业时间应该是多少，成本开支应该是多少”。这可谓一种新点子和尝试，即把作为比率的单位时间核算额与基于绝对值的成本和利润相结合。对此，加谷股长说道，他一开始难以适应这种思维方式，但在过了大约 3 个月后，他逐渐理解了单位时间核算额与各种绝对值之间的关系。

但通过对经营管理部的意见听取以及对巴长们的采访，我们亦得知“（科长和巴长）虽然开始树立对数字的意识，但在作业工人中，该理念仍未深入人心”。对广岛铝工业而言，这是该公司今后的课题之一。

最后谈一下“对技术变化的敏锐应对”。在导入阿米巴经营后，该项目的分值亦有所改善。但在采访中，我们未能获取相关信息。因此，至于其具体如何在日常活动中得以实践，我们不得而知。

第 5 节　阿米巴系统导入的相关分析

本节会基于第 5 及第 6 章的调查结果，针对第 2 章提及的第 4 个研究课题（即阿米巴系统导入的效果及流程），进行分析。

（1）导入效果

作为研究阿米巴经营的先行者，Cooper（1995）选择的考察对象是运营阿米巴超过 40 年的京瓷，因此只能记述该系统在稳定状态下的运作机理。在导入后经历了如此长的岁月，系统导入前后的状态已然无法比较。此外，也已很难区别系统本身带来的效果和环境要因导致的影响。鉴于此，我们选择了 3 家近期导入阿米巴经营的企业，作为我们的考察对象。

在 SYSTEC 和 DISCO，虽然我们开展的采访较为碎片化，但已发现在导入阿米巴经营后，巴长的心理、沟通和业绩等方面皆有积极变化。基于此，在广岛铝工业株式会社，我们针对生产部门和生产间接部门的全体科长和股长（共计 68 人），开展大量样本的问卷调查，从而定量检测导入效果。该调查在广岛铝工业导入阿米巴经营的 1 年后进行，受环境要因的影响较小，因此其可谓较易测定导入效果的考察对象。而在问卷调查结束后，作为补充，我们还对该企业开展了跟进调查。

本次调查的最大发现是：通过测定“管理者行为”、“纵向层级互动”、“横向层级互动”、“巴长的意识”和“业绩”诸多方面的导入效果，它们的分值在导入阿米巴经营后几乎都有所改善。而且从针对其他两家企业的试点调查中亦可知，虽然这两家企业的行业和规模等条件相异，但阿米巴经营皆为它们带来了成果。由此可见，阿米巴经营具有较高的通用性，即便是京瓷之外的企业，亦能导入这种经营系统。

一般来说，阿米巴经营容易给人以“偏重收益性管理工具”的印象，即“利用单位时间核算这种极为短期的核算指标，并迫使员工达成”。而我们的调查结果显示，包括管理者行为中的“追求高成果”，以及业绩中的“削减成本”“贡献利润”，这些分值皆有所改善。这想必是严格运用单位时间核算这种 PDCA 循环的结果。

但在管理者行为中，“建立信任关系”的分值亦有所改善。要知道，它与上述项目可谓“互为悖反”。这说明运营阿米巴经营的领导虽然严格追求短期成果，但同时也在顾及下属的心理状态，并具有远见地热心培养下属。反过来想，即便精神上再关怀体恤，倘若业绩方面不见成果，领导也很难取得下属的信任。可见，在阿米巴经营中，领导考虑到了各方面的平衡，并依此开展高水准的管理活动。

此外，纵向和横向层级的互动亦被激活。这说明导入阿米巴经营并非只是单纯地替换核算指标，而是转变其背后的企业文化、水土，进而大幅转变员工的思维方式。从本质上来说，倘若拘泥于阶层和组织之间的壁垒，巴长便无法取得成果。与京瓷的阿米巴经营一样，广岛铝工业的巴长要想采取合理行动，就必须与周围开展积极活跃的沟通。在对 SYSTEC 和 DISCO 的调查结果中，亦可见这种导入效果。

在第 2 章第 3 节，我们已经介绍了 Johnson（1992）关于“管理会计是远程控制”的主张。而在第 4 章中，通过对京瓷案例的研究，我们发现，在阿米巴经营中，由于管理会计系统被设计成“人人易用”的形式，因此得以规避 Johnson 的担忧，并实现高水准的放权化经营。

而在对广岛铝工业的调查中亦可知，巴长意识中的“主人翁意识”有所改善。换言之，导入阿米巴经营的其他企业也能和京瓷一样，在避免陷入“远程控制”的前提下，促进放权化的推进。

但在本次调查结果中，巴长的意识中的“满意度”较为例外。其 NPC 和股长的分值并未呈现明显的正面效果。通过京瓷、SYSTEC 及 DISCO 的案例，我们未能预想到如此结果。这究竟是广岛铝工业特有的现象，还是我们在其他企业实施的定性调查本身具有局限性，因而未能发现这点？对此，目前无法确定。上节中提出的 3 种解释，究竟哪一种最能说明问题？弄清这一点，是我们今后的课题之一。

那么，本次的调查结果对我们将来的研究有何指导性意义呢？我们已知，阿米巴经营能够引起多方面的转变。今后在开展类似定量调查时，为了把握导入效果的整体情况，或许应该准备多种测定标准。

话虽如此，但目前定量调查的完成样本只有一个。在这样的情况下，尚不具备条件分析“适当的标准构成”和探讨“需要正确测定何种效果”之类的问题。且对于多种效果之间的关系，我们尚不明确。由于该领域缺乏相关的先行研究，因此在本研究中，我们以非常质朴的疑问作为切入点——“在导入阿米巴经营后，组织是否起变化”“如果有变化，那么是哪些项目起了变化”，实施了“投石问路”般的调查。而在下个阶段，我们应该从理论上确定它们的因果关系，并提炼出正式的假设。

前面已提到，通过本次针对广岛铝工业株式会社的问卷调查，我们发现，关于“巴长的意识”中的“满意度”的分值，科长在导入前后呈现出有意义的差值，但股长却没有。这也暗示了另一种可能性——对于不同阶层，其导入效果有差异。将来，我们有必要测定各阶层（包括企业高层和基层作业工人在内）的阿米巴经营导入效果，从而分析该系统在企业落地生根的具体机理。

此外，听取正面导入效果的采访调查固然容易，但要获知导入造成的负面影响，则很难有机会。我们的考察对象皆为成功导入阿米巴经营的企业，但若据此认定“导入效果皆为正面，并无负面影响”，则是脱离实际的。如果能以导入阿米巴经营失败的企业为对象，围绕“为何失败”“出现了哪些未曾料及的负面影响”等问题，开展这种“反面教材”的调查，应该能获得与导入阿米巴经营相关的新见解。鉴于此，今后必须开发能够把握负面影响的调查方法。

（2）导入流程

不仅是导入效果，导入流程亦是我们研究的关心所在。在京瓷，由于阿米巴运营完全稳定，因此无须考虑这点。但对其他导入阿米巴经营的企业而言，流程是决定导入成功与否的重要因素，若流程不佳或不畅，反而会成为阻碍阿米巴导入的问题根源。鉴于 SYSTEC、DISCO 和广岛铝工业的事例，我们调查了阿米巴经营的具体导入流程，以及其对组织带来的具体变化。结果发现，这 3 家企业互有异同。

首先，对于决定导入阿米巴经营的动机，3 家的共同点是“被阿米巴经营的合理机理所吸引”。但不同之处在于，SYSTEC 的社长是盛和塾成员，对稻盛和夫先生的经营哲学颇有共鸣；与之相对，DISCO 和广岛铝工业的动机并非直接源于京瓷哲学。但要注意的是，这两家并非在运用阿米巴经营的同时否定经营哲学的必要性，而是对京瓷哲学不采取“单纯全盘接受”的态度，转而以自己企业固有的经营哲学为基础，并认定其能够与阿米巴经营的机理相融合。

Anderson & Young（1999）指出，导入 ABC 时应考虑的系统内部要素包括“企业高层的支持”“管理者的参与责任”“工会的支持”“充分的经营资源”等。而在我们对导入企业的采访调查中，由于时间等限制，我们未能针对各要素开展广泛的“意见听取”活动。但至少可以确认，上述3家企业皆有“企业高层的支持”。SYSTEC的梶村社长亲自巡视工厂，说服基层的巴长们转变意识；广岛铝工业株式会社的社长坚持出席月度阿米巴会议，力图在会上彻底传达自己的想法；在DISCO，阿米巴经营亦被定位为公司的管理系统中枢。

我们还发现，如果企业在导入阿米巴经营前便具备QCC之类“自下而上”的提案机制，并拥有奖励这种提案的组织文化，则在向阿米巴经营过渡时，所受的阻力似乎较小。DISCO的QC活动深入人心，SYSTEC的组织原本就采取“小集团管理模式”。至于广岛铝工业，通过TPM活动，其“以基层为活动主体”的文化风土早已形成。鉴于此，可以认为，通过导入“单位时间核算”这种强有力的核算指标和“PDCA”等明确的运用规则，使这种以基层为活动主体的管理模式得以强化。但我们并未调查不具备上述“自下而上”企业文化的公司组织，因此该分析结论只是“暂定版”。我们希望今后增加调查样本、优化调查形式，从而进一步弄清组织文化与导入流程之间的关系。

至于组织的时间变化，在导入阿米巴经营的数月后，上述3家企业皆呈现成果。而在1年后，它们皆大致迈入正轨。至于组织变化的契机，则需“具体情况具体分析”。比如SYSTEC在导入后的某个月，其单位时间核算业绩突然提升，这给了员工信心，从而加速了阿米巴经营的落地。而广岛铝工业则与之相反，其祇园工厂在导入阿米巴经营后不久，业绩差得让人不忍直视，因而促使大家开始转变意识。今后要想探明组织变化的契机，应该需要收集更为详尽的数据，找出各导入企业必须处理的“阻碍导入的要素”。

此外，这3家企业虽然在导入阿米巴经营时都接受了KCCS的咨询服务，但它们并非从一开始就打算全盘引入京瓷的阿米巴经营模式。比如，对于“单位时间核算”这种核算计算方式，它们都采用了几乎与“京瓷原版”相同的机制，但对于阿米巴之间的内部买卖以及阿米巴与外部企业进行交易的机制，在我们开展调查时，这3家企业皆未采用。

至于其理由，我们或许能如此推测：因为被任命为巴长的员工仍然忙于自己阿米巴的内部成本运营及熟悉生产管理，而对于与其他阿米巴甚至是外部企业进行商谈之类的活动，他们当下还不具备相应的能力。如果该推测正确，则这些企业将来很可能亦会实行以阿米巴为主体的交易活动。

反之，我们亦可推测为：它们考虑到（阿米巴经营）与原有系统的匹配性等，故而认定，为了让导入发挥最大成果，不必如此彻底引入京瓷的阿米巴经营模式（抑或还是不彻底引入为好）。若基于这种思维，它们便不会执着于京瓷的做法，而是采取“因地制宜，部分采用”的方式。但要注意的是，我们调查所获的数据不足，因此今后有必要将考察对象与京瓷的“原版阿米巴经营”相比较，弄清“哪些被借鉴和导入”“哪些未被借鉴和导入”，以及找出决定系统设计的根本依据。

从导入企业的事例中，我们还发现了一些未能从京瓷观察到的独特创意。比如在 SYSTEC，其明知单纯比较各阿米巴成果数值所带来的风险，但为了激发竞争意识和热情，毅然将各阿米巴的单位时间核算值的高低排名进行公示。而在 DISCO，其根据生产周期，毅然对未完成品采取清点计算。此外，对于产生的费用，其不采取“谁产生谁负担”的方式，而是将其分摊至各部门。而在广岛铝工业，为了让员工对绝对值和单位时间核算额之间的关系拥有直观感受，其在会议等场合开展独特的核算模拟——“每削减（增加）100 小时的作业时间，或者每削减（增加）100万日元成本，单位时间核算额会增加（减少）多少日元”。今后，随着越来越多的企业采用阿米巴经营，有可能像这样派生出各种变化，从而发展出与“原版”所不同的阿米巴经营系统。

第 6 节　总结

在第 4 章第 11 节，我们用图描述了阿米巴经营的机理模式，而该模式的“进化版”便是图 5-1 所示的“导入流程及导入效果图”。由此可见，在导入阿米巴经营前，企业已有某种“组织”“管理会计”“经营哲学”等相关理念，并具备相应的“人才培养”机制。而随着阿米巴经营的导入，其组织、管理会计和经营哲学开始有机结合。而被任命为巴长的员工们则逐渐具备企业家般的领导才能。由此类推，其他导入企业亦和京瓷同样，能够成功培养出相应的人才。

鉴于研究积累并不充分，该模式的说明力度究竟如何，目前不得而知，但至少能起到抛砖引玉的作用。对于“解明阿米巴经营的导入问题”这个课题，我们期待今后的相关研究能有所发展。

另一方面，对于导入流程的研究，今后有不少亟待

改善和发展之处。下面罗列与之相关的问题。（如图 5-1 所示）

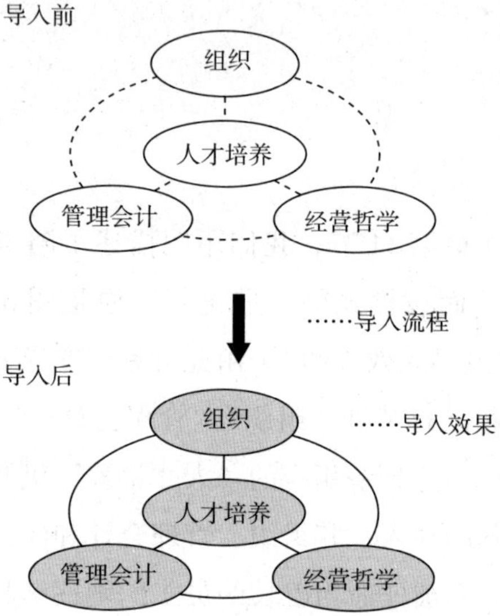

图 5-1 阿米巴经营的导入模式

我们本次调查了 3 家企业的阿米巴经营导入案例。其共通之处在于，在我们开展调查时，它们皆已完成阿米巴经营的导入工作。我们的访问时间选在“导入后 1~2 年”，虽说属于导入后的较早阶段，但终究不是在“导入前”或“导入中”，因此未能实时观察到导入流程及具体变化。此外，我们对考察对象的系统导入流程的调查存在局限性。与对京瓷阿米巴经营机理的调查和本章中详细介绍的对导入效果的问卷调查相比，我们未能确保充分的调查时间。鉴于此，我们对导入流程的数据采集较为薄弱。

“解明导入流程”应该会成为今后重要的考察命题。如上所述，关于“各企业间与导入流程相关的异同点为何会产生”这一问题，我们才刚刚有了解明的头绪而已。可以想象，导入阿米巴经营后，随着时间推进，系统会逐渐进化，也会愈发趋于稳定，可一旦涉及更高层次、更为深入的问题，我们依然不明白。企业高层发挥的作用、巴长发挥的作用、导入推进负责人发挥的作用、核算的计算设计、奖励机制、企业内部培训、组织文化等多种要素混合其中，但究竟哪些是决定性因素，我们依然不得而知。而为了导入最为匹配的阿米巴经营模式，又应该如何设计上述要素？对此，我们目前亦未能探明。

此外，根据 Anderson & Young（1999）的 ABC 导入研究分析，其指出“系统外部要素亦很重要”。但在我们的阿米巴经营调查中，当选择问卷调查的考察对象时，我们只选择了 1 家企业，且将对象限定于生产部门和生产间接部门。这是因为鉴于阿米巴经营既有研究积累不足的现状，所以我们才做出了“优先测定单纯的导入效果”的判断。但其结果导致我们未能测定外部环境要素（企业规模、行业类别、职业类别等）对导入阿米巴经营的影响程度。将来，我们必须准备隶属于不同环境的样本，采用大规模问卷调查或者更为详尽及长期化的人类文化学研究手法，从而把握上述系统外部变量的影响。

终章

MPC 理论的构建

第 1 节　MPC 理论的构建

在本书序章中提到，除了京瓷开发的阿米巴经营外，还有各种其他 MPC 经营系统。我们将来的目标是构建能够解释所有 MPC 经营的“体系化 MPC 理论”。在这最后一节，我们要阐述的问题包括“围绕构建体系化的 MPC 理论，目前我们已知的有哪些，未知的有哪些”“今后必须以何种方法，解明何种问题”，然后对它们进行总结。

（1）MPC 经营的种类

随着研究的推进，如今，新的 MPC 经营种类不断被探明。

在调查阿米巴经营的同时，神户大学的谷武幸教授和我出于兴趣，对生产手机及基站的 NEC 埼玉独自开发的 MPC 经营模式进行了持续的采访调查。NEC 埼玉是 NEC 集团旗下的制造商，属于集团子公司，其采用的 MPC 经营模式被称为“流水线公司制（Line Company System）”。

NEC 埼玉的流水线公司制的特征在于，将小集团部门核算制度定位为“生产革新的拓展方针”。首先，作为革新的第一步，为了提高生产能力及效率，其废止了多品种混流的 FA（Factory Automation，即工厂自动化）生产方式，转而采用按品种细分的小规模细胞生产方式，每个“细胞”大约 20 名员工，员工从起始工序作业至产品完成，即所谓的“单人完结型生产方法”。作为革新的第二步，其将各细胞组织称为“流水线公司”，旨在将它们视为“模拟小企业”，并以会计的方式，计算各组织的成果。具体来说，各“流水线公司”所得的生产加工费即为销售额，而人员费用、设备费用等则为费用开支，二者的差额即是“流水线公司”的利润。①

流水线公司制与阿米巴经营有不少共通之处。前者也具备“无需高深会计知识也能理解的简易计算构造”以及“以日度频率及时反馈的会计系统”。由于成果值

① 原材料的选择是流水线公司无法管控的部分。故而费用开支中不包括材料费，销售额单价中也不包括与材料费相关的部分，因此保证了计算利润时的一致性。

及时反馈，因此细胞组织的管理者及其员工对工作的热情和士气高涨，且管理者心生经营意识，逐渐把“自己养活自己”作为目标，进而在围绕“改进改良”的献策方面也变得更为积极。此外，对于这样的成果，该公司“不以高额的金钱报酬作为奖励”的做法，也与阿米巴经营如出一辙。与此同时，流水线公司制亦有与阿米巴经营的不同之处——各“流水线公司”之间并不进行半成品或服务的买卖。此外，由于成为“流水线公司”的组织皆是“以生产现场为中心”的MPC，因此生产间接部门和管理部门并不适用于该制度。①

此外，经确认，我们还发现生产PS（Play Station）家用游戏机和摄像机的SONY美浓加茂工厂也将普通的细胞型生产线转变为了独立核算的MPC，其采用的是与NEC埼玉几乎相同的方式。而通过采访调查，我们得知，在“树立员工利润意识”“促进放权化”等方面，该方式都产生了效果②。

而在与谷教授共同开展的另一项调查中，我们发现，从事高科技光学产品开发、生产、销售的滨松Photonics

---

① NEC埼玉是制造商性质的子公司，因此没有销售部门。

② 1997年10月22日，我与神户大学的谷武幸教授和伊藤嘉博教授一起，访问了该公司的岐阜县工厂，并开展了采访调查。

公司也在采用独创的MPC制度。该公司的MPC特征是“公司内部货币”，即发行公司内部专用纸币，各MPC之间在进行资材或服务的买卖交易时，用该纸币进行结算[①]。而且在这种情况下，MPC不仅负责管理P/L，还负责管理B/S。此外，当MPC想投资但手头资金不足时，还能发行红字票据。

与阿米巴经营那种通过账票数字的转记变化来体现成果的方式相比，滨松Photonics的方式更具真实感——纸币是盈余还是不足，任谁都一目了然。当然，纸币的印制、流通、保管等耗费时间和精力，的确会增加管理成本。但通过以该公司干部和管理人员为对象的“意见听取”调查，我们发现，即便将上述缺点考虑在内，该制度仍然颇具魅力，能够培养员工的企业家思维和素养。

除了我们开展的上述调查以外，近年来对于MPC经营的事例报告也逐渐增多。比如住友电工以激活生产现场为目的而采用的自家的“流水线公司制”，在降低成本、培养管理人才、破除组织壁垒、促进相互协作机

① 关于这种在内部买卖时使用公司内部纸币的方式，Cooper（1995）中作为“疑似MPC案例”而提及的企业——HIGASHIMARU酱油亦采用了这种方式。此外，加登（1999a）提及的龟甲万（Kikkoman）食品公司，以及《日经Business》杂志1997年2月10日号中介绍的三洋化成也采用了这种“公司内部纸币制度”。

制等方面，皆取得了巨大成果。又比如前川制作所和大阳工业，它们在公司内建立起规模从数人至数十人的MPC，且不将其视为公司内组织，而是以独立公司看待，即采用了“分公司化”的理念。

不仅是制造业，在服务业中亦有采用MPC经营的事例。比如伊藤洋华堂，其日本全国170家门店中，每家店都有82个MPC，它们按照商品类型划分，采用独立核算制。每个MPC都会以“1日4次”的频率，对会计信息进行反馈。

迄今为止，研究者们对MPC经营的关心程度并不高，但正如加登（2001）所指出的那样，以日本企业为核心，全球许多公司都在开发和运用各种MPC经营模式，并取得了巨大成果。针对京瓷的阿米巴经营，以三矢·谷·加护野（1999）为代表的书籍纷纷出版，推动了对该经营手法的介绍和宣传。而针对其他MPC机制，各种商业杂志报道和研究论文相继发表，逐渐吸引了大众的视线。

（2）体系化MPC理论的构建

我们的下一个目标是构建能够囊括阿米巴经营及其他MPC机制的体系化MPC理论。为此，较为有效的是

“比较案例分析法”，即记述各种 MPC 手法，并将它们进行比较和分析。金井（1990）指出，与分析单一案例或调查一个总集团相比，比较案例分析法具有“凸显较易忽视的调查对象的理论属性”的优势。他还指出，对于相关领域既有研究积累较为贫乏的调查对象，“通过比较来发现和探求未知属性”是一种较为有效的手段。而我们力图开展的 MPC 研究，正属于这种既有研究积累较为贫乏的领域。

进行这种比较分析时，应解决下面三个课题。

第一是“定义”。在只研究阿米巴经营时，并不需要思考“阿米巴经营的定义”之类的问题。因为阿米巴经营即京瓷开发的经营手法，且阿米巴经营模式自身已经定型。当然，如第 6 章所述，京瓷的阿米巴经营与其他导入企业所实施的阿米巴经营并非完全相同。但这是各企业基于自身的历史沿革、内部文化、所属行业等具体条件而灵活运用阿米巴经营的结果，至多只能算是阿米巴经营的不同版本。

与之相对，MPC 经营这个概念是对具备某种要素的经营手法的总称，因此有必要弄清诸如“MPC 的规定条件是什么”“在类似经营手法中，哪些可归入 MPC，哪些不可归入 MPC”等问题。

对于这些疑问，如第1章中所述，Cooper（1995）将MPC经营单纯地定义为“小型利润中心”，但该定义基准暧昧不清，在判别现实中企业所采用的手法是否为MPC时，很难说有效。具体理由如下。

先看他定义中的“小型”，他并未说明究竟多小才算“小型”。以名为“共用服务（Shared Services）”的管理方法为例，其针对信息系统部门或财务部门这种一般被视为成本中心的间接部门，或让它们对公司内部客户实行有偿服务；或让它们进一步发展为“分公司化”的独立部门，并让它们将自身的服务卖到公司外部市场；从而使它们成为利润中心[①]。这完全是将成本中心转变为利润中心的典型，可如果被实施“共用服务”的组织规模超过100人，称之为MPC又是否合适呢？

由此可见，若想区分MPC和非MPC，确定几人以下的组织才算“小型”可谓必要前提。但更为重要的是，这“小型”的定义究竟能为组织带来怎样的效果。

---

① 对于“共用服务”，安达信商业资讯公司（Arthur Andersen Business Consulting）（1999）指出，由于该方法有希望精简间接部门，并培养间接部门员工的市场思维和核算意识，因此诸如AMEX（美国运通）、GE（通用电气）和Xerox（施乐）等公司都相继采用它。此外，冈安（1997）介绍了先锋公司对财务部门所实施的“分公司化”及“利润中心化”。而山本（1998）介绍了欧姆龙公司对财务部门所实施的“利润中心化”。

换言之，在比较“大型利润中心”和“小型利润中心”时，有必要重新思考二者在“组织行为”方面的决定性差异。

关于这点，我们从对阿米巴经营的分析中得知，小组织往往难以获得充分的经营资源。也正因如此，组织成员心生危机感，为了“自己养活自己”而激发思维、群策群力，其结果促成了公司对“企业家型人才”的培养。此外，由于组织很小，因此肩负经营责任的巴长不得不拼命努力，等于是以“置于极限环境”的方式，使大批巴长学习和成长。换言之，“组织细分化”并非MPC的充分条件，必须关注其背后的现象。

接下来分析Cooper对MPC的定义中的“利润中心”部分。在实际中，MPC的利润算定方法多种多样，对于“哪些可看作MPC”，其界定判断难度较大。让我们先再次审视Cooper（1995）的阐述，看他是如何界定MPC的。

据Cooper所述，大阳工业将组织“分公司化”，所有交易行为皆与外部企业发生，将实际销售额扣除自己集团内部的成本，便得到了利润。而在京瓷，当与外部企业进行交易时，以“实际销售额－成本”的方式计算利润；至于公司内部阿米巴之间的交易，其销售额基于内部交易价。Cooper将上述两家公司称为“真MPC”。

另一方面，对于麒麟、奥林巴斯和 HIGASHIMARU，由于它们内部的 MPC 之间不存在买卖行为，而是在产品成本价的基础上加利润，从而得出内部价格。换言之，该“价格”并非交易行为的产物，而是一种形式概念。故 Cooper 将它们称为“疑似 MPC”。此处须抓住的重点在于，Cooper 虽然发现了上述对于“利润”的不同算法和概念，并分出了“真”和“疑似”两类，但他依然将它们都视为 MPC。

但这种分类概念尚存疑问。Cooper 将麒麟、奥林巴斯和 HIGASHIMARU 归为“疑似 MPC”，并把它们的内部价格与成本之间的差值视为利润。但纵观这 3 家案例，假使组织保持成本中心不变，只要采用标准成本计算等手段，将计划与实际进行比较，计算实际降低的成本额，其实际的会计手续亦无多大差别。既然如此，特意将上述差值视为“利润”的意义究竟在哪里？这是一个未被阐明的问题[①]。

的确，如果将 MPC 定义为“小型利润中心”，即便

---

① 对于 Cooper 定义的“疑似 MPC”，伊藤（1998）认为其益处在于“激励效果”及“提供简单明了的业绩测定标准”。但针对第二个益处，他也指出，“只要提供相匹配的测定标准，哪怕组织维持成本中心的形态，也能充分发挥作用”。

只是属于“疑似”的小组织，只要担负盈利责任，便可将其认定为利润中心。但在不进行产品买卖的情况下，其“利润计算”实际上与成本中心的方式并无多大差别。既然如此，为何上述企业选择了“利润中心化”呢？关于这点，我们尚不清楚。哪怕属于“疑似”，倘若无法探明它们采用 MPC 制度的实质意义，则依然无法吹散 Cooper 的定义的暧昧迷雾。

今后亟待开展的研究作业包括“揭示 MPC 应满足的条件”“探明 MPC 与非 MPC 之间的泾渭”。我们希望能找出针对 MPC 的明确研究领域，该领域必须是被人广为接受的。而随着研究的推进，在分析该经营手法时，或许会对 Cooper 这种基于“组织大小”和“是否为利润中心”的视点本身心生怀疑。倘若如此，则必须探索新概念，从而以超越 MPC 的理论高度来有力解释这种现象。

为了构建体系化 MPC 理论，我们必须克服的第二个课题是“分类”。即便解决了上述课题，发现了对 MPC 更为精确的定义方式，也还有第二个任务接踵而来，即“将 MPC 进行分类的作业”。从前述事例可知，MPC 手法不止一种，因此必须按照它们的特征进行分类。通过分类，亦能弄清各 MPC 系统所产生的效果差异。

Cooper之所以将MPC分为“真”和“疑似”两类，也是为了解释各MPC之间的差异。

按照Cooper的分类法，像大阳工业这样实行“分公司化”的企业和京瓷这样止于“公司内部组织”的企业便同属于“真MPC”这一类。可哪怕只做简单思考，也能发现，实行“分公司化”的前者赋予了组织领导更大的经营责任，而组织的灵活可塑性则较低。从这点来看，与其基于“利润是真实还是疑似”来区分，不如按照组织性质（是独立的分公司还是公司内部组织）来得更自然。换言之，很难说Cooper的分类法是最完美的。鉴于此，我们今后的课题还包括“研究哪种分类法最能说明问题”。

至于为了构建体系化MPC理论而亟待解决的第三个课题，则是“如何选择或构建解释MPC的模型”。为此，针对我们已提出的阿米巴经营机理和阿米巴经营的导入模式，想检验是否可以将它们引用于该课题。

纵观如今的裁员风潮可知，比起“培养人才”，企业似乎更需要“旨在对管理人员实行优胜劣汰的管理系统”。而MPC由于采用核算指标，因此具备“明确反映各管理人员业绩”的特性。换言之，导入MPC制度后，能够激化公司内部竞争，从而切实建立淘汰机制。但正如我在前面反复强调的那样，我们的机理模型以“培养人才”为终极目的，至于其组织、管理会计、企业高层的经营哲学，皆为相互补充、相互影响的要素。既然以“培养人才”为主要目的，诸如以“淘汰人才”为目的的裁员案例便难以套用我们的分析模型。

此外，诸如升迁·报酬系统，以及管理、研究等职能之间的 MPC 经营差异等问题，也超出了我们的分析模型所能涵盖的范围。但若基于“MPC 经营呈多样化”这个前提，对于有的案例，这些方面是绕不过去的。举个典型的例子，假设有家企业采用细分化的组织单位，明确公示每个单位的核算状况，并以该结果为依据，实施赏罚分明的制度——对业绩优秀者，予以员工股权及高额奖金；对业绩低劣者，最严重的会予以解雇。不难想象，在该企业内，员工主观能动性的源泉在于“正负极端分明的刺激性报酬系统”。倘若要把该企业作为 MPC 来分析说明，就无法将报酬系统从其机理模型的要素中剔除。换言之，我们的分析模型存在局限性。

对于京瓷的阿米巴经营，我们的分析模型具备一定的有效性。但从上述假设案例可知，当将分析对象扩大至“所有 MPC 经营”时，其说明力度并不充分。当然，要建立能够说明各种经营现象的“万能模型”，显然是不可能的任务。鉴于此，我们有必要弄清该模型“不能说明的现象”以及“应该说明的现象”，进而对模型进行修正和再建的作业。

我们认为，通过这种一步一个脚印的积累，或许能使体系化 MPC 理论的构建成为可能。本书所涉及的有关阿米巴经营的论述，或许只是迈出的一步而已。但为了让我们今后继续前行，这一步是不可或缺的。

附录

阿米巴经营调查问卷

对阿米巴经营的调查

神户大学管理会计研究会

贵公司名	
填写人 姓名	TEL FAX
所属部·科	职务

【说明事项】

1. 本调查的目的在于解明阿米巴经营的实际情况。

2. 本调查问卷的收件方虽为阿米巴经营的推进部门，但烦请在收到后转交至阿米巴的相关负责人及其上司。

3. 本调查问卷中的部分问题可能需要回答者自身的判断，为了避免回答陷入理想化，烦请基于贵部门的实情作答。

4. 我们会对回答进行统计化处理，为了让贵司·贵部门的回答能尽量发挥有效作用，烦请尽量多地做答。

5. 我们在发表有关该调查的研究成果时，会使用总计数据，因此不会对贵公司的回答进行个别化的展示。

6. 如有不明之处，烦请垂询神户大学经营学部的谷武幸。当他本人由于讲课或公干等原因而暂时不在时，烦请留言至神户大学经营学部第二研究扶助办公室，我们之后会联系您。

作答完毕后，烦请将调查问卷放入附带的回寄用信封，在平成十年6月30日前寄与我方。

问 1 以下项目是对您直属上司在导入阿米巴经营前后行为的描述。请在您认为恰当的地方打√。

			完全符合		介于二者之间			完全不符	
			1	2	3	4	5	6	7
（1）	你的上司重视下属的心情和立场。	导入前							
		导入后							
（2）	你的上司能够兼听下属的意见。	导入前							
		导入后							
（3）	你的上司对自身严格要求。	导入前							
		导入后							
（4）	你的上司平时能做到言出必行。	导入前							
		导入后							
（5）	你的上司为了让下属成长而给予积累经验的机会。	导入前							
		导入后							

（续表）

（6）	即便是重要工作，你的上司也会毅然交给下属去做。	导入前							
		导入后							
（7）	你的上司要求下属严守工作完成的期限。	导入前							
		导入后							
（8）	对于一旦决定了的事，你的上司要求下属必须实行。	导入前							
		导入后							
（9）	你的上司将各岗位的职责与公司整体的方针和战略挂钩，并不断思考和调整。	导入前							
		导入后							
（10）	对于职场课题，你的上司聚焦于少数重点项目。	导入前							
		导入后							
（11）	你的上司有时要求下属挑战“似乎不可能完成”的高难度课题。	导入前							
		导入后							
（12）	你的上司要求下属取得优于其他部门和岗位的成果。	导入前							
		导入后							
（13）	你的上司对下属讲述自己在工作中的成功及失败经历。	导入前							
		导入后							
（14）	你的上司把其他部门和岗位的成功案例作为榜样和典型，告知下属。	导入前							
		导入后							
（15）	你的上司把公司的经营方针告知下属。	导入前							
		导入后							
（16）	你的上司把工作方针告知下属。	导入前							
		导入后							

（续表）

（17）	你的上司具备“叫得动”关联部门和岗位的交涉能力。	导入前							
		导入后							
（18）	在请示和申请方面，你的上司能够争取到其上司（即你的上司的上司）的批准许可。	导入前							
		导入后							
（19）	你的上司在工作中不会循规守旧，而是敢于尝新。	导入前							
		导入后							
（20）	你的上司积极实行自己的点子和创意。	导入前							
		导入后							
（21）	你的上司经常传达与下属工作评价相关的信息。	导入前							
		导入后							
（22）	你的上司从下属那里详细收集基层现场的情况。	导入前							
		导入后							

问 2 以下项目是对您与公司高层和上司在导入阿米巴经营前后关系的描述。请在您认为恰当的地方打√。

			完全符合		介于二者之间			完全不符	
			1	2	3	4	5	6	7
（1）	充分理解高层的方针。	导入前							
		导入后							
（2）	为了实现高层的方针，你很清楚你的部门该做什么。	导入前							
		导入后							

（续表）

（3）	为了实现高层的方针，你的上司很清楚你的部门该做什么。	导入前							
		导入后							
（4）	为了实现高层的方针，你会与你的上司探讨对策，从而决定你的部门该做什么。	导入前							
		导入后							
（5）	你的部门的预算和计划（预定）由上级决定，你的意见并不发挥作用。（逆向问题）	导入前							
		导入后							
（6）	针对你的部门的预算和计划（预定），你的上司会彻底审视你的部门的环境，以及设定目标及达成目标的方针等。	导入前							
		导入后							
（7）	对于你的部门既定的预算和计划（预定）等目标，你的上司会严格检查其达成情况。	导入前							
		导入后							
（8）	在检查目标的达成情况时，你的上司会聆听你的部门内的环境变化及你的相应对策等。	导入前							
		导入后							
（9）	对于你的部门的情况，上司较为了解。	导入前							
		导入后							
（10）	对于你的部门的情况，高层较为了解。	导入前							
		导入后							

问3 以下项目是对您与关联部门在导入阿米巴经营前后关系的描述。请在您认为恰当的地方打√。

			完全符合		介于二者之间			完全不符	
			1	2	3	4	5	6	7
（1）	与你的部门的产品相关的顾客需求信息，来自销售部门或下游工段。	导入前							
		导入后							
（2）	与你部门的产品相关的售价动向信息，来自销售部门或下游工段。	导入前							
		导入后							
（3）	与你部门的产品相关的销路信息，来自销售部门或下游工段。	导入前							
		导入后							
（4）	你很清楚“你的部门生产什么、生产多少，才能为公司贡献利润”。	导入前							
		导入后							
（5）	你很清楚“你的部门成本控制在多少，才能为公司贡献利润”。	导入前							
		导入后							
（6）	基于你的部门的既有技术，你会向销售部门提议“应该促销哪些产品”。	导入前							
		导入后							
（7）	基于你的部门的既有技术，你会向开发部门提议“应该开发怎样的产品”。	导入前							
		导入后							
（8）	基于你的部门掌握的市场信息，你会向开发部门提议“应该开发怎样的产品”。	导入前							
		导入后							

问 4 以下项目是对您在导入阿米巴经营前后思维和心情的描述。请在您认为恰当的地方打√。

			完全符合		介于二者之间			完全不符	
			1	2	3	4	5	6	7
（1）	希望继续在该职场工作。	导入前							
		导入后							
（2）	对该职场满意。	导入前							
		导入后							
（3）	对职场的人际关系满意。	导入前							
		导入后							
（4）	认为自己在工作中成长。	导入前							
		导入后							
（5）	由于过于热衷工作，经常工作时间不知不觉就过去了。	导入前							
		导入后							
（6）	对自己的工作充满热情。	导入前							
		导入后							
（7）	在工作中碰到困难和问题时，会努力克服它们。	导入前							
		导入后							
（8）	之所以在该公司工作，是因为得到相应的回报。	导入前							
		导入后							
（9）	自己已经认定该公司，无法再去其他公司工作。	导入前							
		导入后							

（续表）

（10）	身为该公司员工，感到自豪。	导入前							
		导入后							
（11）	在该公司工作，感到丢脸。	导入前							
		导入后							
（12）	对该公司有感情。	导入前							
		导入后							
（13）	对于该公司面对的问题能感同身受，如同自己的问题一般。	导入前							
		导入后							
（14）	该公司的经营理念对自己很重要。	导入前							
		导入后							
（15）	在计划做某事时，我有信心获得必要的支援。	导入前							
		导入后							
（16）	我觉得能够通过自己的努力来改变职场氛围。	导入前							
		导入后							
（17）	我觉得自己在被迫从事和担当不适应自己的工作和职务。	导入前							
		导入后							
（18）	我充满变革的热情和能量。	导入前							
		导入后							
（19）	我的工作在让自己的职场和公司变得更好。	导入前							
		导入后							

（续表）

（20）	我切实感到自己是该公司变革活动中需要的人才。	导入前							
		导入后							
（21）	在工作中，我体会到意义和充实感。	导入前							
		导入后							
（22）	我能够做好自己的工作。	导入前							
		导入后							
（23）	我做的工作是我喜欢的。	导入前							
		导入后							
（24）	我对自己的能力抱有绝对自信。	导入前							
		导入后							
（25）	我身心俱疲，精力耗尽。	导入前							
		导入后							
（26）	我有自信在公司里继续活跃下去。	导入前							
		导入后							

问 5 以下项目是对您的部门在导入阿米巴经营后的活动状况和成果的描述。请在您认为恰当的地方打√。

		完全符合		介于二者之间			完全不符	
		1	2	3	4	5	6	7
（1）	变得能够敏锐应对市场变化。							
（2）	变得能够敏锐应对技术变化。							
（3）	变得能够大幅削减成本。							

（续表）

（4）	品质大幅提升。							
（5）	变得能够严守交货期。							
（6）	变得能为公司贡献大量利润。							

感谢您的配合和协助。烦请在确认无漏填和误填后，将本调查问卷寄回我处。

图书在版编目（CIP）数据

阿米巴经营导入手册 /（日）三矢裕 著；周征文 译．— 北京：东方出版社，2021.4
ISBN 978-7-5207-1328-3

Ⅰ.①阿…　Ⅱ.①三…②周…　Ⅲ.①企业管理—经验—日本—现代
Ⅳ.①F279.313.3

中国版本图书馆 CIP 数据核字（2021）第 025550 号

阿米巴经营导入手册
（AMIBA JINGYING DAORU SHOUCE）

作　　者：[日]三矢裕
译　　者：周征文
责任编辑：贺　方
出　　版：东方出版社
发　　行：人民东方出版传媒有限公司
地　　址：北京市西城区北三环中路 6 号
邮　　编：100120
印　　刷：北京文昌阁彩色印刷有限责任公司
版　　次：2021 年 4 月第 1 版
印　　次：2021 年 4 月第 1 次印刷
印　　数：1—10 000 册
开　　本：787 毫米 × 1092 毫米　1/32
印　　张：11
字　　数：177 千字
书　　号：ISBN 978-7-5207-1328-3
定　　价：68.00 元
发行电话：（010）85924663　85924644　85924641

延伸阅读

稻盛和夫一生都在贯彻“作为人，何谓正确？”，在这过程中，领悟出了“京瓷哲学”，而这种经营企业和度过人生的正确方式正是《思维方式》一书的核心。稻盛和夫用“京瓷哲学”这盏明灯，在自己人生的各个重要阶段都做出了正确决断。在稻盛和夫诸多判断中，备受关注的正确判断，正是拯救了破产的日航，《日航的奇迹》是转化“京瓷哲学”的完美案例。

《付出不亚于任何人的努力》

稻盛和夫不仅讲到“以身作则、身先士卒”等古今中外都有共识的领导黄金法则，更是将手法与心法相结合，指出成为领导者所需要的要诀及修炼路径：思维方式、付出不亚于任何人的努力、利他行善等。

《心与活法》

稻盛和夫历年在盛和塾的演讲实录精选，集结成十二篇深具启发性的文章，阐述“心态”“思维方式”对人生与经营的重要性。

《京瓷哲学：人生与经营的原点》

稻盛和夫说，本书是我的“想法”和“活法”的原点，汇集了我八十多年来的经营活动和人生旅程的精华。我衷心希望本书不仅对商业人士能起到帮助，还能对其他各行各业的人们，譬如教师、学生甚至家庭主妇起到“人生指南”的作用，祝愿本书能够帮助各位读者获得充实的经营成果和人生收获。